Stand Upright of Northeast Asian Ancient History

동북아고대사정립

東北亞古代史正立

2

서문(序文)

학설 51)

고조선(古朝鮮) 남부 지역은 낙랑서해(樂浪西海) ➡ 전한낙랑군(前漢樂浪郡) ➡ 단단대령(單單大嶺) ➡ 예국(濊國) ➡ 맥국(貊國) ➡ 한반도의 동해가 서쪽에서 동쪽 방향으로 위치한다.

학설 52)

예국(濊國)은 임둔군(臨屯郡) 영토에서 건국되었고, 맥국(貊國)은 진번군(眞番郡)의 영토에서 건국되었다.

학설 53)

고조선(古朝鮮) 북부 지역은 제2 현도군(玄菟郡) ➡ 제1 현도군(玄菟郡) ➡ 개마대산(蓋馬大山) ➡ 동옥저(東沃沮)가 서쪽에서 동쪽 방향으로 위치한다.

학설 54)

동옥저(東沃沮)는 서남쪽으로 예국(濊國)과 접하고, 남쪽으로 맥국(貊國)과 접한다.

학설 55)

전한(前漢)은 예맥조선(濊貊朝鮮) 유민들의 항거를 감당하지 못해 고구려(高句麗)가 건국된 예맥(濊貊) 땅 중부 지역의 제1 현도군(玄菟郡)을 폐군하고, 예맥(濊貊) 땅 서부 지역에 제2 현도군(玄菟郡)을 새로 설치했다.

또한, 전한(前漢)은 제1 현도군(玄菟郡)을 폐군하면서 예맥(濊貊) 땅 중부 지역의 옥저(沃沮)를 임둔(臨屯) 땅에 옥저현(沃沮縣)으로 교치(僑置)했다.

학설 56)

북옥저(北沃沮)와 남옥저(南沃沮)는 모두 동옥저(東沃沮)의 일부이다.

고중국(古中國)은 정보가 없었던 개마대산(蓋馬大山) 동쪽 땅을 동옥저(東沃沮)로 통칭했다.

학설 57)

고구려(高句麗)의 세 번째 수도인 환도성(丸都城)은 고구려압록수(高句麗鴨淥水) 중류 서쪽에 인접해 있으며, 대요수(大遼水)는 고구려압록수(高句麗鴨淥水) 중류에서 서쪽으로 1,000리(里) 이상 떨어진 지점에 위치한다.

학설 58)

후한낙랑군(後漢樂浪郡)은 단단대령(單單大嶺) 동쪽 임둔군(臨屯郡)과 예국(濊國)의 영토였던 곳에 위치했다.

학설 59)

임둔군(臨屯郡) · 예국(濊國) · 영동(嶺東) 7현(縣) · 후한낙랑군(後漢樂浪郡)이 위치했던 임둔(臨屯) 땅은 남쪽으로 바다를 접했다.

학설 60)

단단대령(單單大嶺)은 한반도 내에 위치할 수 없다.

단단대령(單單大嶺) 동쪽에는 고대국가들이 건국될 수 있는 상당히 넓은 땅이 있어야만 한다.

학설 61)

단단대령(單單大嶺)은 현(現) 요하(遼河) 서쪽에 위치한다.

대요수(大遼水)는 낙랑(樂浪) 땅 동쪽 경계인 단단대령(單單大嶺) 서쪽에 위치하기 때문에 현(現) 요하(遼河)는 대요수(大遼水)가 될 수 없다.

학설 62)

예국(濊國) · 영동(嶺東) 7현(縣) · 후한낙랑군(後漢樂浪郡)이 위치했던 임둔(臨屯) 땅은 현(現) 요하(遼河) 하류 유역이며, 임둔(臨屯) 땅 동쪽은 한국(韓國)으로 불리었다.

학설 63)

환도성(丸都城) 동쪽에 인접해 있는 고구려압록수(高句麗鴨淥水)는 현(現) 요하(遼河)이다.

학설 64)

단단대령(單單大嶺) ➡ 현(現) 요하(遼河) ➡ 개마대산(蓋馬大山)이 서쪽에서 동쪽 방향으로 위치한다.

학설 65)

전한요서군(前漢遼西郡) 임유현(臨渝縣)은 진요동(秦遼東) 남부 지역에 위치하며, 남쪽으로 바다를 접했다.

학설 66)

전한요서군(前漢遼西郡) 동부도위(東部都尉)가 통솔한 교려현(交黎縣)은 진요동(秦遼東) 중부 지역을 방어하는 역할을 했다.

교려현(交黎縣)은 전한요동군(前漢遼東郡) 서부도위(西部都尉)가 통솔한 무려현(無慮縣)이 뚫렸을 경우를 대비한 2차 방어선이었다.

학설 67)

교려현(交黎縣)과 험독현(險瀆縣)은 요동속국(遼東屬國)을 승계한 창려군(昌黎郡)의 일부이며, 진요동(秦遼東) 중부 지역에 위치했다.

학설 68)

전한요서군(前漢遼西郡) 서부도위(西部都尉)가 통솔한 유성현(柳城縣)은 진요동(秦遼東) 북부 지역을 방어하는 역할을 했다.

유성현(柳城縣)은 대요수(大遼水) 동쪽에 위치한 전한요동군(前漢遼東郡) 치소 양평현(襄平縣)이 뚫렸을 경우를 대비한 2차 방어선이었다.

학설 69)

유성현(柳城縣)에서 흐르는 참류수(參柳水)가 북쪽으로 흘러 입해(入海)한 해(海)는 한(漢) 요동군(遼東郡) 서안평현(西安平縣) 남쪽에 접해 있는 '예맥(濊貊) 땅 해(海)'이다.

학설 70)

진요동(秦遼東)은 진(秦)의 영토였기 때문에 진(秦)을 승계한 한(漢)은 진요동(秦遼東)에 강한 고토의식(故土意識)을 갖고 있었다.

한(漢)은 진요동(秦遼東)에서 동쪽으로 대요수(大遼水)를 바라보며, 서쪽에 위치한 유성현(柳城縣)에는 요서군(遼西郡) 서부도위(西部都尉)를, 동쪽에 위치한 교려현(交黎縣)에는 요서군(遼西郡) 동부도위(東部都尉)를 배치하여 대요수(大遼水) 방어체계를 완성했다.

당(唐) 영주(營州)가 위치한 곳은 백랑수(白狼水)가 대요수(大遼水)에 입해(入海)하기 전 마지막으로 흐르는 진요동(秦遼東) 북부 지역이다.

학설 72)

현(現) 압록강(鴨綠江)은 동옥저(東沃沮)와 맥국(貊國) 간 국경이다.

학설 73)

한반도 내에 설치된 한군현(漢郡縣)은 진번군(眞番郡)이 유일하다.

학설 74)

[대요수난하설(大遼水灤河說)]

패수(浿水) 서쪽에 위치한 요수(遼水)와 패수(浿水) 동쪽에 위치한 대요수(大遼水)는 동일한 하천이 아니다.

패수(浿水) 서쪽에 위치한 유수(濡水)는 현(現) 난하(灤河)가 아니며, 패수(浿水) 동쪽에 위치한 대요수(大遼水)가 현(現) 난하(灤河)이다.

학설 75)

당태종(唐太宗)이 고생한 요택(遼澤)은 진요동(秦遼東) 북부 지역 중 현(現) 난하(灤河)에 인접한 곳에 위치했다.

학설 76)

전한낙랑군(前漢樂浪郡) 서쪽 경계인 낙랑서해(樂浪西海)는 현(現) 난하(灤河)의 하류이다.

학설 77)

낙랑(樂浪) 땅까지 장성을 축성한 유일한 왕조(王朝)는 명(明)이다.

따라서 명장성(明長城) 동쪽 관문인 현(現) 산해관(山海關)은 만리장성 동쪽 관문인 임유관(臨渝關)보다 더 동쪽에 위치한다.

학설 78)

고조선(古朝鮮) 멸망 후, 새로운 요서(遼西)와 요동(遼東)이 탄생했으며, 현(現) 난하(灤河) 서쪽에 위치한 의무려산(醫巫閭山)은 새로운 요서(遼西)와 새로운 요동(遼東) 간 경계였다.

[고조선영토획정학설(古朝鮮領土劃定學說)] [석주학설(錫柱學說)]

연요동(燕遼東) ➡ 패수(浿水) ➡ 진요동(秦遼東) ➡ 현(現) 난하(灤河) ➡ 낙랑(樂浪) ➡ 단단대령(單單大嶺) ➡ 임둔(臨屯) ➡ 진번(眞番) ➡ 한반도동해(韓半島東海)가 서쪽에서 동쪽 방향으로 위치한다.

진요동(秦遼東), 낙랑(樂浪), 임둔(臨屯), 진번(眞番)은 북쪽으로 고조선(古朝鮮)의 일원(一員)인 예맥조선(濊貊朝鮮)과 접해 있으며, 예맥조선(濊貊朝鮮)은 북쪽으로 선비(鮮卑), 부여국(夫餘國), 읍루(挹婁)와 접해 있다.

학설 80)

만주 동부 지역과 한반도 북부 지역은 낙랑조선(樂浪朝鮮) 멸망 26년, 예맥조선(濊貊朝鮮) 멸망 25년 후, 전한(前漢)으로부터 독립했다.

학설 81)

예맥조선(濊貊朝鮮)의 중심지는 현(現) 요하(遼河) 중류 유역이다.

학설 82)

현(現) 난하(灤河) 유역에 위치한 제2 현도군(玄菟郡) ➡ 양맥(梁貊) ➡ 비류수(沸流水)와 졸본성(卒本城) ➡ 현(現) 요하(遼河) 중류 유역이 서쪽에서 동쪽 방향으로 위치한다.

학설 83)

요(遼) 태조(太祖)가 낚시를 한 압록강(鴨淥江)은 예맥(濊貊) 땅 서부 지역에 위치한 서안평현(西安平縣)에서 흐르는 마자수(馬訾水)로 예맥(濊貊) 땅 중부 지역에서 흐르는 고구려압록수(高句麗鴨淥水)와 동일한 하천이 아니다.

학설 84)

살수(薩水)를 국경으로 고구려(高句麗)와 접하게 된 후한낙랑군(後漢樂浪郡)은 요동군(遼東郡) 서안평현(西安平縣)의 영토 내로 이주했다.

학설 85)

후한(後漢) 말기(末期), 진요동(秦遼東)은 고중국(古中國)의 내지에서 벗어났다.

진요동(秦遼東) 남부 지역은 명(明) 시기에 다시 고중국(古中國)의 내지로 편입되었지만, 진요동(秦遼東) 북부 지역은 끝내 고중국(古中國)의 내지로 편입되지 못했다.

공손도(公孫度)가 고구려(高句麗)를 침략하여 진요동(秦遼東) 남부 지역을 영토로 편입했으며, 낙랑서해(樂浪西海)의 제해권(制海權)을 장악했다.

삼국지(三國志) 동이전(東夷傳) 고구려조(高句麗條)에 기록된 신국(新國)은 고구려(高句麗)의 세 번째 수도인 환도성(丸都城)을 지칭한다.

요사지리지(遼史地理志) 동경요양부(東京遼陽府) 녹주(淥州) 편에 기록된 고국(故國)은 고구려(高句麗)의 두 번째 수도인 국내성(國內城)을 지칭한다.

고구려(高句麗)의 두 번째 수도인 국내성(國內城)은 요(遼) 동경요양부(東京遼陽府) 녹주(淥州) 치소 녹주성(淥州城)으로 승계되었다.

고구려(高句麗)의 세 번째 수도인 환도성(丸都城)은 요(遼) 동경요양부(東京遼陽府) 녹주(淥州)의 환주성(桓州城)으로 승계되었다.

고구려(高句麗)의 세 번째 수도인 환도성(丸都城)은 고구려(高句麗)의 두 번째 수도인 국내성(國內城) 서남쪽 200리(里) 지점에 위치한다.

고구려(高句麗)의 첫 번째 수도인 졸본성(卒本城)은 고구려(高句麗)의 두 번째 수도인 국내성(國內城) 서북쪽 380리(里) 전후 지점에 위치한다.

고구려(高句麗)의 수도였던 졸본성(卒本城)·국내성(國內城)·환도성(丸都城)은 모두 요(遼) 녹주(淥州)의 영토에 속했고 현(現) 요하(遼河) 서쪽에 위치한다.

요(遼) 녹주(淥州) 동쪽에 고려(高麗)가 발해국(渤海國)의 영토였던 곳을 개척한 강동6주(江東六州)가 위치한다.

공손도낙랑군(公孫度樂浪郡)은 진요동(秦遼東) 남부 지역에 설치된 네 번째 낙랑군(樂浪郡)이며, 공손도(公孫度)의 아들 공손강(公孫康)은 진요동(秦遼東) 남부 지역에 역사상 최초의 대방군(帶方郡)을 설치했다.

학설 95)

공손씨(公孫氏) 군벌정권(軍閥政權) 멸망 후, 선비(鮮卑)의 일파(一派)가 현(現) 난하(灤河) 유역으로 이주하여 조위(曹魏)에 복속되었다.

이로써 공손씨(公孫氏) 영토의 동부 지역은 모두 선비(鮮卑)의 영토가 되었다.

학설 96)

광개토대왕 치세부터 고구려(髙句麗)가 멸망할 때까지, 만리장성동단(萬里長城東端)이 위치한 임유현갈석산(臨渝縣碣石山) 일대는 고구려(髙句麗) 영토로 유지되었다.

학설 97)

선비(鮮卑)의 일파(一派)가 현(現) 난하(灤河) 유역, 즉 고조선(古朝鮮) 땅에서 세력을 키워 전연(前燕)을 건국했다.

이러한 이유로 진(晉)은 전연(前燕)을 건국한 모용황(慕容皝)을 조선공(朝鮮公)으로 봉했다.

학설 98)

삼국사기(三國史記)에 기록된 고려서경(高麗西京)에서 흐르는 대동강(大同江)은 한반도의 현(現) 대동강(大同江)과 동일한 하천이 아니다.

조선(朝鮮)의 학자들이 삼국사기(三國史記)의 기록을 오독(誤讀)하여 만주의 대동강(大同江)을 한반도로 끌어들였다.

학설 99)

한반도동해(韓半島東海)에 접해 있는 '맥국(貊國) 땅 예(濊)'는 진번(眞番) 땅 예(濊)이고, 예국(濊國) 또는 영동예(嶺東濊)는 임둔(臨屯) 땅 예(濊)이다.

학설 100)

통일신라(統一新羅) 9주(九州) 중 가장 서북방에 위치한 한주(漢州)의 영토는 한반도 서북부 지역과 현(現) 요령성(遼寧省) 동남부 지역이다.

학설 101)

삼국사기(三國史記) 백제본기(百濟本紀)에는 '백제(百濟)가 한산(漢山)으로 천도했다'는 기록이 있다.

여기서 한산(漢山)은 고구려(高句麗) 한산주(漢山州)를 의미한다.

학설 102)

백제(百濟)의 두 번째 수도인 한성(漢城)이 위치한 곳은 현(現) 요하(遼河) 동남쪽 천여리(千餘里) 지점인 한반도 대동강 유역의 고구려(高句麗) 남평양(南平壤)이다.

학설 103)

백제(百濟)가 햇수로 105년을 수도로 유지했다는 한성(漢城)에 대한 삼국사기(三國史記) 잡지(雜志) 백제(百濟) 편의 기록은 잘못된 것이다.

한성(漢城)이 백제(百濟)의 수도로 유지된 햇수는 26년<AD 371 ~ 396년>이다.

학설 104)

고구려(高句麗)의 네 번째 수도인 동천왕평양성(東川王平壤城)은 통일신라(統一新羅) 한주(漢州) 서쪽 국경에 접해 있는 요(遼) 암연현(巖淵縣)에 위치한다.

학설 105)

한산주한수(漢山州漢水)는 현(現) 대동강(大同江)이다.

백제(百濟) 한성(漢城)은 현(現) 대동강(大同江) 남쪽에 위치한다.

학설 106)

AD 396년, 백제(百濟)가 한성(漢城)에서 위례성(慰禮城)으로 천도했다.

위례성(慰禮城)이 한성(漢城)으로 개칭되면서, 한반도에는 한강(漢江) 이남의 한성(漢城)과 대동강 유역 남평양(南平壤)의 한성(漢城)이 공존했다.

학설 107)

현(現) 대동강(大同江) 유역의 한성(漢城)은 고구려(高句麗) 3경(三京) 중 하나이다.

학설 108)

황성(黃城)이 위치한 현(現) 집안시(集安市)는 고구려(高句麗)의 수도는 아니었으나, 84년 동안 고구려(高句麗) 왕(王)들의 거주지였다.

평양성(平壤城)이라 불리운 고구려(高句麗)의 수도는 동천왕평양성(東川王平壤城), 장수왕평양성(長壽王平壤城) 그리고 마지막 수도인 장안성(長安城)이다.

3개의 성(城) 중, 낙랑(樂浪) 땅에 위치한 유일한 성(城)은 장수왕평양성(長壽王平壤城)이다.

장수왕평양성(長壽王平壤城)은 고구려(高句麗) 구려현(句麗縣)에 위치했다.

장수왕평양성(長壽王平壤城)은 요(遼) 동경요양부(東京遼陽府)의 치소인 요양성(遼陽城)으로 승계되었다.

요(遼)의 동경(東京)인 요양성(遼陽城)으로 승계된 장수왕평양성(長壽王平壤城)은 당(唐) 기준척(基準尺)으로 현(現) 난하(灤河)에서 동쪽으로 360리(里) 떨어진 지점에 위치한 성(城)이며, 서쪽으로 흐르는 하천의 북쪽에 인접해 있는 성(城)이고, 성(城)의 둘레가 30리(里)이다.

현(現) 요하(遼河) 동쪽, 즉 현(現) 요령성(遼寧省) 동부 지역이 낙랑(樂浪) 땅으로 둔갑한 이유는 삼국사기(三國史記) 편찬자(編纂者)인 김부식(金富軾)이 '고려서경(高麗西京)은 장수왕평양성(長壽王平壤城)인 것 같다'며, 현(現) 요동만(遼東灣)에 입해(入海)하는 하천을 패수(浿水)로 비정했기 때문이다.

낙랑(樂浪) 땅은 고려(高麗)의 영토에 포함되지 않는다.

한국인은 낙랑조선(樂浪朝鮮)이 아니라 예맥조선(濊貊朝鮮)의 후손이다.

조선(朝鮮) 학자들이 '김부식(金富軾) 생애의 고려서경(高麗西京)은 현(現) 대동강(大同江) 유역에 위치했다'고 비정했다.

이러한 이유로 현(現) 요령성(遼寧省) 동부 지역으로 잘못 비정된 낙랑(樂浪) 땅은 한번 더 이동하여 한반도 서북부 지역에 비정되었다.

학설 115)

단군조선(檀君朝鮮)은 낙랑조선(樂浪朝鮮) 또는 부여국(夫餘國)이 아니라 예맥조선(濊貊朝鮮)을 거쳐 고구려(高句麗)로 승계되었다.

학설 116)

고구려(高句麗)의 여섯 번째 수도이자, 마지막 수도인 장안성(長安城)이 위치한 곳은 현(現) 요양시(遼陽市)이다.

학설 117)

현(現) 대동강(大同江) 유역의 남평양(南平壤)에 위치한 고구려(高句麗) 3경(三京) 중 하나인 한성(漢城)은 당(唐)과 신라(新羅)의 원활한 군사적 연합을 막는 전략적 요충지였다.

학설 118)

[패강태자하설(浿江太子河說)]

통일신라(統一新羅)의 북쪽 국경인 패강(浿江)은 현(現) 태자하(太子河)이다.

학설 119)

고려(高麗) 시기, 현(現) 태자하(太子河)의 하천명은 대동강(大同江)이었다.

학설 120)

고려서경(高麗西京) ➡ 현(現) 태자하(太子河)인 패강(浿江) ➡ 패강진(浿江鎭) ➡ 고구려(高句麗) 한산주(漢山州)와 남평양(南平壤) ➡ 현(現) 예성강(禮成江)인 패하(浿河) ➡ 신라(新羅) 북한산주(北漢山州)와 북한산성(北漢山城)이 북쪽에서 남쪽 방향으로 위치한다.

목차

第6章

논문(論文)
고조선(古朝鮮) 영토고표(領土考表)

고조선(古朝鮮) 영토고표(領土考表)

　본 연구의 목적은 고조선(古朝鮮) 멸망 후, 한(漢)이 고조선(古朝鮮)의 영토 내에 설치한 6군(郡), 즉 요서군(遼西郡)·요동군(遼東郡)·낙랑군(樂浪郡)·현도군(玄菟郡)·임둔군(臨屯郡)·진번군(眞番郡)의 위치 및 이후의 변화를 고증(考證)하여 영토고표(領土考表)를 작성함으로서 고조선(古朝鮮)의 영토를 획정하는 것이다.

第 1 節
연구 범위 및 구성

　BC 107년, 고조선(古朝鮮)은 한(漢)에 의해 멸망했다.

　사기(史記)를 편찬한 사마천(司馬遷)은 고조선(古朝鮮)을 멸망시킨 한무제(漢武帝)의 사관(史官)이다.

　따라서 사기(史記)에는 한무제(漢武帝) 치세 이후의 기록이 없다.

　또한 사기(史記)에는 지리지(地理志)가 없다.

　결국, 고조선(古朝鮮)의 영토 내에 설치된 한(漢) 군현(郡縣)의 영토를 연구하기 위해서는 전한(前漢)의 역사가 기록되어 있는 고중국(古中國)의 두 번째 정사서(正史書)인 한서(漢書)를 연구해야 한다.

　한서(漢書)의 저자는 반고(班固)이며, 편찬된 연도는 AD 92년이다.

　한서지리지(漢書地理志)는 고조선(古朝鮮)의 영토 내에 설치된 요서군(遼西郡)·요동군(遼東郡)·낙랑군(樂浪郡)·현도군(玄菟郡)·임둔군(臨屯郡)·진번군(眞番郡)의 영토를 파악하기 위한 단서들을 찾을 수 있는 최선의 사료이다.

하지만 한서지리지(漢書地理志)에는 임둔군(臨屯郡)과 진번군(眞番郡)이 존재하지 않는다.

BC 82년, 임둔군(臨屯郡)과 진번군(眞番郡)은 폐군되었다.

한서지리지(漢書地理志)는 AD 2년을 기준으로 103개 군국(郡國)에 관한 지리지(地理志)이기 때문에 임둔군(臨屯郡)과 진번군(眞番郡)은 수록되지 않았다.

게다가 한서(漢書)의 조선열전(朝鮮列傳)은 그 내용이 사기(史記)의 조선열전(朝鮮列傳)과 대동소이(大同小異)하며, 한(漢) 군현(郡縣)의 변화에 대한 기록은 미비(未備)하다.

한편, 후한서(後漢書) 동이열전(東夷列傳)에는 고조선(古朝鮮)의 영토 내에 설치된 한(漢) 군현(郡縣)의 변화에 대한 기록들이 수록되어 있다.

따라서 후한서(後漢書) 동이열전(東夷列傳)의 기록들을 먼저 연구하여 BC 108년부터 AD 2년까지의 고조선(古朝鮮)의 영토 내에 설치된 한(漢) 군현(郡縣)의 변화에 대한 역사적 사실들을 파악한 후, 고조선(古朝鮮) 영토고표(領土考表)의 초안(草案)을 작성하고자 한다.

후한서(後漢書)는 남북조시대(南北朝時代) 송(宋)의 범엽(范曄)〈AD 398~445년〉이 저술한 후한(後漢)의 정사서(正史書)이다.

13대(代) 196년 동안의 기록이 기(紀) 10권 · 지(志) 30권 · 열전(列傳) 80권으로 구성되어 있으며, 지(志) 30권은 진(晉)의 사마표(司馬彪)가 저술한 것이다.

앞서 작성한 고조선(古朝鮮) 영토고표(領土考表)의 초안(草案)을 바탕으로 AD 2년의 기록인 한서지리지(漢書地理志)를 연구하여 고조선(古朝鮮) 영토고표(領土考表)의 완성본(完成本)을 작성하고자 한다.

한서지리지(漢書地理志)에 기록된 하천에 대해서는 수경(水經)에 주석을 단 수경주(水經注)의 기록으로 연구하고자 한다.

第 2 節
후한서(後漢書) 동이열전(東夷列傳)의 기록 연구

1. 후한서(後漢書) 동이열전(東夷列傳) 예(濊) 편

후한서(後漢書) 권85 동이열전(東夷列傳) 예(濊) 편에 의하면

濊北與高句驪沃沮 南與辰韓接 東窮大海 西至樂浪 濊及沃沮句驪

本皆朝鮮之地也 至元封三年 滅朝鮮分置樂浪臨屯玄菟眞番四部

至昭帝始元五年 罷臨屯眞番 以幷樂浪玄菟 玄菟復徙居句驪 自單單大嶺已東

沃沮濊貊悉屬樂浪 後以境土廣遠 復分領東七縣 置樂浪東部都尉 建武六年

省都尉官 遂棄領東地 悉封其渠帥爲縣侯 皆歲時朝賀

예(濊)는 북쪽으로 고구려(髙句麗)와 옥저(沃沮)가 있고, 남쪽으로 진한(辰韓)이 접해 있으며, 동쪽으로 대해(大海)에 닿았고, 서쪽으로 낙랑(樂浪)에 이른다.

예(濊)·옥저(沃沮)·구려(句麗)는 모두 본래 조선(朝鮮)의 땅이다.

원봉(元封) 3년<BC 108년>, 조선(朝鮮)을 멸(滅)하고 나누어 낙랑(樂浪)·임둔(臨屯)·현도(玄菟)·진번(眞番)의 4부(部)를 설치했다. 소제(昭帝) 시원(始元) 5년<BC 82년>, 임둔(臨屯)·진번(眞番)을 파(罷)하고 낙랑(樂浪)·현도(玄菟)에 병합했다.

그리고 현도(玄菟)는 다시 구려(句麗)로 되돌려 옮겼다. 단단대령(單單大嶺) 동쪽으로 옥저(沃沮)·예(濊)·맥(貊)은 모두 낙랑(樂浪)에 속했다. 그 구역이 넓고 멀어 영동(嶺東) 7현(七縣)을 나누어 낙랑동부도위(樂浪東部都尉)를 설치했다. 건무(建武) 6년<AD 30년>, 도위(都尉)를 파(罷)하여 령(領)<단단대령(單單大嶺)> 동쪽 땅을 포기하고 그 거수(渠帥)들을 현후(縣侯)로 삼았는데 모두 해마다 조하(朝賀)했다.

예(濊)는 동이열전(東夷列傳)에 독자적으로 기록되어 있으므로 넓은 영토를 가진 정치세력이며, 고조선(古朝鮮)의 구성국이었던 예맥(濊貊)과 구별하기 위하여 이하, 예국(濊國)이라 칭한다.

'예국(濊國) 북쪽에는 고구려(髙句麗)와 옥저(沃沮)가 접해 있으며, 서쪽으로 낙랑(樂浪)에 이르고, 남쪽으로 진한(辰韓)이 접해 있다'고 기록되어 있다.

한반도 중남부 지역에 위치한 진한(辰韓)에 접해 있는 예국(濊國)은 한반도 북부 지역에 영토가 있어야 한다.

그런데 '단단대령(單單大嶺) 동쪽 옥저(沃沮), 예(濊), 맥(貊)은 모두 낙랑(樂浪)에 속했고 예국(濊國)은 동쪽으로 대해(大海)에 닿았다'고 기록되어 있다.

단단대령(單單大嶺) 동쪽에 맥(貊)이라 불리는 정치세력이 있다.

하지만 낙랑(樂浪) 땅 동쪽에 접해 있는 예국(濊國) 북쪽은 고구려(高句麗)와 옥저(沃沮)가 접해 있고, 남쪽은 진한(辰韓)과 접해 있으며, 동쪽은 대해(大海), 즉 바다에 접해 있다면 맥(貊), 즉 맥국(貊國)이 위치할 공간이 없다.

결론부터 말하자면, 진한(辰韓)에 접한 한반도 북부 지역에 영토를 가지고 있는 정치세력은 맥국(貊國)이다.

후한서(後漢書) 동이열전(東夷列傳)에는 맥(貊) 편이 없다.

후한서(後漢書)의 저자는 맥(貊)을 언급하여 맥국(貊國)의 존재를 알렸고, 예국(濊國)과 맥국(貊國)을 하나로 묶어 예(濊)로 기록한 것이다.

후한서(後漢書) 동이열전(東夷列傳)에 '예국(濊國)은 서쪽으로 낙랑(樂浪)에 이른다'고 기록되어 있기 때문에 맥국(貊國)은 예국(濊國) 동쪽에 위치한다.

따라서 동쪽으로 대해(大海), 즉 한반도 동해에 접해 있는 국(國)은 맥국(貊國)이며, 한반도 북부 지역까지 고조선(古朝鮮)의 영토였다.

동북아고대사정립 1의 학설 41) 에 의하면

> 전한낙랑군(前漢樂浪郡)은 낙랑서해(樂浪西海)와 단단대령(單單大嶺) 사이에 위치했고, 후한낙랑군(後漢樂浪郡)은 단단대령(單單大嶺) 동쪽에 위치했다.
> 후한낙랑군(後漢樂浪郡)과 고구려(高句麗)는 살수(薩水)를 국경으로 남북으로 영토를 접했다.

고조선(古朝鮮) 남부 지역은 낙랑서해(樂浪西海) ➡ 전한낙랑군(前漢樂浪郡) ➡ 단단대령(單單大嶺) ➡ 예국(濊國) ➡ 맥국(貊國) ➡ 한반도의 동해가 서쪽에서 동쪽 방향으로 위치하고 있음을 알 수 있다.

학설 51)

고조선(古朝鮮) 남부 지역은 낙랑서해(樂浪西海) ➡ 전한낙랑군(前漢樂浪郡) ➡

단단대령(單單大嶺) ➡ 예국(濊國) ➡ 맥국(貊國) ➡ 한반도의 동해가

서쪽에서 동쪽 방향으로 위치한다.

고구려(髙句麗)와 옥저(沃沮) 남쪽에 접한 예국(濊國)과 맥국(貊國)은 고조선(古朝鮮)의 영토였기에 이곳이 임둔군(臨屯郡)과 진번군(眞番郡)이 설치된 곳이다.

동북아고대사정립 1의 학설 26) 에 의하면

연(燕) 진개(秦開)의 동정(東征)으로 멸망한 진번(眞番)은 낙랑(樂浪) 땅 동쪽에서 재건(再建)되었다.
재건(再建)된 진번(眞番) 땅에 진번군(眞番郡)이 설치되었는데 고조선(古朝鮮) 영토에 설치된 한(漢)의 군(郡) 중 가장 동쪽에 위치했다.

낙랑(樂浪) 땅 동쪽에 접해 있는 예국(濊國)은 임둔군(臨屯郡) 영토에서 건국되었고, 맥국(貊國)은 고조선(古朝鮮)의 영토에 설치된 한(漢)의 군(郡) 중 가장 동쪽에 위치했던 진번군(眞番郡)의 영토에서 건국되었음을 알 수 있다.

학설 52)

예국(濊國)은 임둔군(臨屯郡) 영토에서 건국되었고, 맥국(貊國)은 진번군(眞番郡)의 영토에서 건국되었다.

'현도(玄菟)는 다시 구려(句麗)로 되돌려 옮겼다'고 기록되어 있다.

두 번째 현도군(玄菟郡)은 구려(句麗)의 영토에 설치되었다.

이하, 두 번째 현도군(玄菟郡)을 제2 현도군(玄菟郡)이라 칭하고, 첫 번째 현도군(玄菟郡)을 제1 현도군(玄菟郡)이라 칭한다.

예국(濊國) 멸망 후, 예국(濊國)의 영토 내에 영동(嶺東) 7현(縣)이 설치되어 낙랑동부도위(樂浪東部都尉)가 통솔했다.

AD 30년, 낙랑군(樂浪郡)에 편입되어 있던 영동(嶺東) 7현(縣)은 독립하였고, 낙랑군(樂浪郡) 동쪽 경계는 다시 단단대령(單單大嶺)이다.

하지만 한서지리지(漢書地理志)는 AD 2년을 기준으로 기록되었기 때문에 낙랑군(樂浪郡) 편에 단단대령(單單大嶺) 동쪽에 위치한 영동(嶺東) 7현(縣)이 수록되어 있다.

2. 후한서(後漢書) 동이열전(東夷列傳) 옥저(沃沮) 편

후한서(後漢書) 권85 동이열전(東夷列傳) 옥저(沃沮) 편에 의하면

東沃沮在高句驪蓋馬大山之東 東濱大海 北與挹婁夫餘 南與濊貊接
其地東西夾 南北長 可折方千里 武帝滅朝鮮 以沃沮地爲玄菟郡 後爲夷貊所侵
徙郡於高句驪西北 更以沃沮爲縣 屬樂浪東部都尉 至光武罷都尉官
後皆以封其渠帥 爲沃沮侯 其土迫小 介於大國之間 遂臣屬句驪

동옥저(東沃沮)는 고구려(高句麗) 개마대산(蓋馬大山)의 동쪽에 위치하고, 동쪽으로 대해(大海)에 닿으며, 북쪽으로 읍루(挹婁)와 부여(夫餘)가 있고, 남쪽으로 예(濊)와 맥(貊)을 접한다. 그 땅은 동서로는 좁고 남북으로는 길며 방(方) 1,000리(里)이다. 무제(武帝)가 조선(朝鮮)을 멸(滅)하고 옥저(沃沮) 땅에 현도군(玄菟郡)을 설치했으며, 이후 이맥(夷貊)이 침략하여 군(郡)을 고구려(高句麗) 서북쪽으로 옮기면서 옥저(沃沮)를 현(縣)으로 삼아 낙랑동부도위(樂浪東部都尉)에 속하게 했다. 광무(光武)에 이르러 도위(都尉)를 파(罷)하고 거수(渠帥)를 봉하여 옥저후(沃沮侯)로 삼았는데, 그 땅이 작고 대국(大國) 사이에 끼어 있어 마침내 구려(句麗)에 신속(臣屬)했다.

후한서(後漢書) 동이열전(東夷列傳) 옥저(沃沮) 편에 처음 언급된 국명은 동옥저(東沃沮)이며, 먼저 동옥저(東沃沮)의 지리적 범위를 언급했다.

그리고 나서 옥저(沃沮)라는 명칭으로 제1 현도군(玄菟郡)이 설치되었던 고옥저(古沃沮)에 관한 기록을 이어갔다.

마지막으로 '현도군(玄菟郡)을 고구려(髙句麗) 서북쪽으로 옮겼다'는 기록과 함께 낙랑동부도위(樂浪東部都尉)가 통솔한 옥저현(沃沮縣)에 관한 기록으로 마무리 했다.

제1 현도군(玄菟郡)의 영토는 제2 현도군(玄菟郡) 동남쪽에 위치한 고구려(髙句麗)의 영토가 되었고, 동옥저(東沃沮)는 고구려(髙句麗) 동쪽 경계인 개마대산(蓋馬大山) 동쪽에 위치하고 있다.

따라서 고조선(古朝鮮) 북부 지역은 제2 현도군(玄菟郡) ➡ 제1 현도군(玄菟郡) ➡ 개마대산(蓋馬大山) ➡ 동옥저(東沃沮)가 서쪽에서 동쪽 방향으로 위치하고 있음을 알 수 있다.

> 학설 53)
> 고조선(古朝鮮) 북부 지역은 제2 현도군(玄菟郡) ➡ 제1 현도군(玄菟郡) ➡
> 개마대산(蓋馬大山) ➡ 동옥저(東沃沮)가 서쪽에서 동쪽 방향으로 위치한다.

동옥저(東沃沮)의 영토는 '동쪽으로는 대해(大海)에 이르렀고, 남쪽으로는 예(濊)와 맥(貊)에 접해 있다'고 기록되어 있다.

동북아고대사정립 1의 학설 41) 에 의하면

> 전한낙랑군(前漢樂浪郡)은 낙랑서해(樂浪西海)와 단단대령(單單大嶺) 사이에
> 위치했고, 후한낙랑군(後漢樂浪郡)은 단단대령(單單大嶺) 동쪽에 위치했다.
> 후한낙랑군(後漢樂浪郡)과 고구려(髙句麗)는 살수(薩水)를 국경으로 남북으로 영토를
> 접했다.

후한낙랑군(後漢樂浪郡)은 단단대령(單單大嶺) 동쪽 살수(薩水) 이남에 위치했다.

동옥저(東沃沮)는 서남쪽으로 살수(薩水)를 국경으로 예국(濊國)과 접해 있으며, 남쪽으로는 예국(濊國) 동쪽에 위치한 맥국(貊國)과 접해 있다.

학설 54)

동옥저(東沃沮)는 서남쪽으로 예국(濊國)과 접하고, 남쪽으로 맥국(貊國)과 접한다.

동옥저(東沃沮)는 북쪽으로 부여국(夫餘國)과 읍루(挹婁)에 접해 있다.

후한서(後漢書) 권85 동이열전(東夷列傳) 예(濊) 편에 의하면

> 濊及沃沮句驪 本皆朝鮮之地也
>
> 예(濊), 옥저(沃沮), 구려(句驪)는 모두 본래 조선(朝鮮)의 땅이다.

부여국(夫餘國)과 읍루(挹婁) 남쪽은 모두 예맥(濊貊) 땅으로 고조선(古朝鮮)의 영토였음을 알 수 있다.

'이맥(夷貊)이 침략하여 현도군(玄菟郡)을 고구려(髙句麗) 서북쪽으로 옮겼다'는 기록은 한(漢)이 제1 현도군(玄菟郡)의 영토를 상실했다는 의미이다.

그 후, 한(漢)이 설치한 옥저현(沃沮縣)은 임둔(臨屯) 땅에 교치(僑置)된 것이며, 이는 옥저(沃沮)에 대한 연고권을 주장하기 위함이다.

학설 55)

전한(前漢)은 예맥조선(濊貊朝鮮) 유민들의 항거를 감당하지 못해 고구려(髙句麗)가 건국된 예맥(濊貊) 땅 중부 지역의 제1 현도군(玄菟郡)을 폐군하고, 예맥(濊貊) 땅 서부 지역에 제2 현도군(玄菟郡)을 새로 설치했다.

또한, 전한(前漢)은 제1 현도군(玄菟郡)을 폐군하면서 예맥(濊貊) 땅 중부 지역의 옥저(沃沮)를 임둔(臨屯) 땅에 옥저현(沃沮縣)으로 교치(僑置)했다.

옥저후(沃沮侯)가 통치한 옥저국(沃沮國)은 '그 땅이 작고 대국(大國) 사이에 끼어 있어 마침내 구려(句麗)에 신속(臣屬)했다'고 기록되어 있다.

옥저국(沃沮國)은 임둔(臨屯) 땅 내에 교치(僑置)된 현(縣)급 크기의 소국(小國)이기 때문에 영토가 작을 수밖에 없다.

옥저후(沃沮侯)가 고구려(高句麗)에 신속(臣屬)하자 한(漢)은 옥저(沃沮)에 대한 연고권을 포기했다.

예맥(濊貊)을 대표하는 일파(一派)가 옥저(沃沮)에서 구려(句麗)로 바뀌었기 때문에 옥저(沃沮)에 대한 연고권은 더 이상 의미가 없어졌다.

한(漢)은 제2 현도군(玄菟郡)으로 예맥조선(濊貊朝鮮)에 대한 연고권을 주장하는 것이 더 현실적이라는 판단을 하였을 것이다.

3. 후한서(後漢書) 동이열전(東夷列傳) 부여국(夫餘國) 편

후한서(後漢書) 권85 동이열전(東夷列傳) 부여국(夫餘國) 편에 의하면

> 夫餘國 在玄北千里 南與高句驪 東與婁 西與鮮卑接 北有弱水
> 부여국(夫餘國), 현도(玄菟) 북쪽 천리(千里)에 있다. 남쪽은 고구려(高句麗)와 접해 있으며, 동쪽은 읍루(挹婁)와 접해 있고, 서쪽은 선비(鮮卑)와 접해 있으며, 북쪽에는 약수(弱水)가 있다.

예맥조선(濊貊朝鮮)의 영토 내에는 부여(夫餘)라는 명칭을 사용한 소국(小國)들이 존재했다.

이 소국(小國)들은 당연히 예맥(濊貊) 일파(一派)이다.

그러나 후한서(後漢書) 동이열전(東夷列傳) 부여국(夫餘國) 편에서는 부여(夫餘)에 관한 전반적인 내용이 아닌 오직 부여국(夫餘國)에 대해서만 설명하고 있다.

부여국(夫餘國)은 고구려(高句麗)가 북부여(北夫餘)라 칭한 정치세력으로 고구려(高句麗)에 적대적이었다.

또한 부여국(夫餘國)은 예맥족(濊貊族)의 국가였지만, 고조선(古朝鮮)과 별개의 정치세력이었다.

따라서 본 연구에서 부여국(夫餘國) 영토는 고조선(古朝鮮)의 영토에 포함되지 않는다.

참고로 부여국(夫餘國)은 한(韓)과 더불어 단군조선연맹(檀君朝鮮聯盟)의 구성국이었는데 고조선(古朝鮮)에는 참여하지 않았다.

부여국(夫餘國)과 한(韓)은 고조선(古朝鮮)의 리더국인 낙랑조선(樂浪朝鮮)과 멀리 떨어져 있었기 때문으로 여겨진다.

4. 후한서(後漢書) 동이열전(東夷列傳) 읍루(挹婁) 편

후한서(後漢書) 권85 동이열전(東夷列傳) 읍루(挹婁) 편에 의하면

> 挹婁在夫餘東北千餘里 東濱大海 南與北沃沮接 不知其北所極
> 읍루(挹婁)는 부여(夫餘)에서 동북쪽으로 천여 리(里)에 있다. 동쪽은 대해(大海)에 닿고, 남쪽은 북옥저(北沃沮)와 접했으며, 북쪽은 그 끝이 어디인지 알 수 없다.

읍루(挹婁)의 도읍은 부여국(夫餘國) 도읍에서 동북쪽 천여 리(里) 지점에 있음을 알 수 있다.

후한서(後漢書) 동이열전(東夷列傳) 옥저(沃沮) 편에 의하면 개마대산(蓋馬大山) 동쪽에 위치한 동옥저(東沃沮)는 동쪽으로 대해(大海)에 닿는다.

그리고 서쪽에는 고옥저(古沃沮) 땅에서 건국된 고구려(高句麗)와 접해 있으며, 남쪽에는 진번군(眞番郡)의 영토에서 건국된 맥국(貊國)과 접해 있다.

따라서 동옥저(東沃沮)의 동서남북 어디에도 북옥저(北沃沮)와 남옥저(南沃沮)가 위치할 공간이 없다.

북옥저(北沃沮)는 동옥저(東沃沮)와 별개의 새로운 옥저(沃沮)를 지칭하는 것이 아니라 읍루(挹婁) 남쪽에 접해 있는 동옥저(東沃沮)의 북부 지역을 지칭하는 것이다.

고구려(高句麗) 동쪽에서 무슨 일이 일어났는지 알기 어려웠던 고중국(古中國)은 개마대산(蓋馬大山) 동쪽 땅을 동옥저(東沃沮)로 통칭했다.

삼국사기(三國史記) 고구려본기(高句麗本紀)에 의하면

> BC 28년, 고구려(高句麗)의 동명성왕(東明聖王)이 북옥저(北沃沮)를 멸망시키고,
> 그 땅을 성읍(城邑)으로 삼았다.

고구려(高句麗)는 건국 초기에 동옥저(東沃沮) 북부 지역을 영토로 편입했으며, 나머지 동옥저(東沃沮) 땅을 남옥저(南沃沮)라 칭했다.

학설 56)

북옥저(北沃沮)와 남옥저(南沃沮)는 모두 동옥저(東沃沮)의 일부이다.
고중국(古中國)은 정보가 없었던 개마대산(蓋馬大山) 동쪽 땅을 동옥저(東沃沮)로 통칭했다.

---

5. 후한서(後漢書) 동이열전(東夷列傳) 고구려(高句麗) 편

후한서(後漢書) 권85 동이열전(東夷列傳) 고구려(高句麗) 편에 의하면

> 高句驪在遼東之東千里 南與朝鮮濊貊 東與沃沮 北與夫餘接
> 고구려(高句麗)는 요동(遼東)에서 동쪽으로 천리(千里)에 있다.
> 남쪽으로 조선(朝鮮) · 예(濊) · 맥(貊)과 접해 있으며, 동쪽으로 옥저(沃沮)와 접해 있고,
> 북쪽으로 부여(夫餘)와 접해 있다.

요동(遼東)의 거리 기준점은 한(漢) 요동군(遼東郡) 치소 양평현(襄平縣)이다.

그리고 고구려(高句麗)의 기준점은 고구려(高句麗)의 수도인 환도성(丸都城)이다.

거리만 놓고 보면 환도성(丸都城) 서북쪽에 위치한 졸본성(卒本城)일 가능성도 있지만, 종합적으로 분석해보면 환도성(丸都城)이라는 결론에 도달한다.

후한서(後漢書) 권85 동이열전(東夷列傳) 예(濊) 편에 의하면

> 玄菟復徒居句驪
>
> 현도(玄菟)는 다시 구려(句麗)로 되돌려 옮겼다.

예맥(濊貊) 일파(一派)인 구려(句麗)의 원래 영토는 제2 현도군(玄菟郡)이 설치된 예맥(濊貊) 땅 서부 지역이다.

고중국(古中國)에 의해 예맥(濊貊) 땅 서부 지역을 상실하고 동쪽으로 이주한 구려(句麗)는 다른 예맥(濊貊) 일파(一派)들과 달리 임둔(臨屯)과 진번(眞番) 땅으로 남하하지 않고 예맥(濊貊) 땅에 남았다.

참고로 일부 구려(句麗) 유민들이 제주도로 남하했을 가능성 있다.

제주도의 시조인 고양부(高梁夫), 즉 제주고씨(濟州高氏)·제주양씨(濟州梁氏)·제주부씨(濟州夫氏)의 발상지인 삼성혈(三姓穴)에는 고양부(高梁夫)의 후손들이 신성시하는 3개의 지혈(地穴)이 있는데, 고구려(高句麗)가 신성시했던 국동대혈(國東大穴)과 그 성격이 같다.

고씨(高氏)는 훗날 고구려(高句麗) 왕족이 된 성씨이고, 양씨(梁氏)와 부씨(夫氏) 또한 구려(句麗)의 성씨인 해씨(解氏)와 부여씨(扶餘氏)를 떠올리게 한다.

제주도의 시조인 고양부(高梁夫)가 구려(句麗) 유민들이라면 남하한 시기는 예맥조선(濊貊朝鮮)이 멸망한 BC 107년에서 그리 멀지 않은 시기이다.

이동 경로는 예맥(濊貊) 땅 서부 지역에서 동쪽으로 이주하여 예맥(濊貊) 땅 중부 지역인 현(現) 요하(遼河) 중류 유역에서 배를 타고 요하(遼河)를 통해 한반도의 서해로

빠져 나온 후, 제주도에 이르렀을 것이다.

위 가설을 논증할 역사적 사료는 없지만, 고인골(古人骨) 유전자분석 기법을 통해 새로운 역사적 사실이 밝혀질 수도 있다.

제주도 향토 사학자들과 현대 유전자분석 기법의 활약을 기대해 본다.

제1 현도군(玄菟郡)이 설치되었던 고옥저(古沃沮)의 영토에는 소국(小國)들이 건국되었고, 구려(句麗)가 건국한 고구려(高句麗)는 그 소국(小國)들 중 하나였다.

삼국사기(三國史記) 고구려본기(高句麗本紀)에 의하면 고구려(高句麗)는 비류수(沸流水) 일대에 위치한 졸본(卒本)에서 건국했다.

BC 28년, 고구려(高句麗)는 고구려압록수(高句麗鴨淥水) 동쪽에 위치한 북옥저(北沃沮)를 병합했으며, AD 3년, 두 번째 수도인 국내성(國內城)으로 천도했다.

통전(通典) 변방문(邊防門) 동이편(東夷篇) 고구려조(高句麗條)에 의하면 고구려압록수(髙句麗鴨淥水)는 고구려(高句麗)의 두 번째 수도인 국내성(國內城) 남쪽에서 서쪽으로 흘렀다.

이후, '염난수(鹽難水)와 합류하여 서남쪽으로 흘렀다'고 기록되어 있다.

국내성(國內城)은 고구려압록수(高句麗鴨淥水) 북서쪽에 위치하고 있으며, 이곳은 고구려압록수(髙句麗鴨淥水) 중류 유역이다.

AD 209년, 고구려(高句麗)는 세 번째 수도인 환도성(丸都城)으로 천도했다.

요사지리지(遼史地理志) 동경요양부(東京遼陽府) 녹주(渌州) 압록군(鴨渌軍) 편을 읽으면 환도성(丸都城)은 국내성(國內城) 서남쪽 200리(里) 지점에 위치한다는 역사적 사실을 알 수 있다.

환도성(丸都城)은 고구려압록수(高句麗鴨淥水)의 서쪽에 위치하며, 고구려압록수(髙句麗鴨淥水) 중류 유역을 벗어나지 않았다.

당(唐) 시기, 이태(李泰)가 편찬한 괄지지(括地志)를 인용한 삼국사기(三國史記)에도 '환도산(丸都山)과 국내성(國內城)은 인접해 있다'고 기록되어 있다.

종합해보면 환도성(丸都城)은 한(漢) 요동군(遼東郡) 치소 양평현(襄平縣) 동쪽 1,000리(里) 지점에 위치하고 있으며, 그곳은 고구려압록수(高句麗鴨淥水) 중류 서쪽에 인접해 있다.

따라서 양평현(襄平縣) 서쪽에 접해 있는 대요수(大遼水)는 고구려압록수(高句麗鴨淥水) 중류에서 서쪽으로 1,000리(里) 이상 떨어진 지점에 위치하고 있다.

> 학설 57)
> 고구려(高句麗)의 세 번째 수도인 환도성(丸都城)은 고구려압록수(高句麗鴨淥水)
> 중류 서쪽에 인접해 있으며, 대요수(大遼水)는 고구려압록수(高句麗鴨淥水)
> 중류에서 서쪽으로 1,000리(里) 이상 떨어진 지점에 위치한다.

'고구려(高句麗) 남쪽에 조선(朝鮮)이 접해 있다'고 기록되어 있다.

여기서의 조선(朝鮮)은 고조선(古朝鮮)이 격하된 낙랑군(樂浪郡)을 지칭한 것이다.

그런데 한(漢) 요동군(遼東郡) 양평현(襄平縣) 동쪽 1,000리(里) 지점에 위치한 환도성(丸都城)을 기준으로 전한낙랑군(前漢樂浪郡) 조선현(朝鮮縣)은 서쪽에 위치해야 하는데 남쪽으로 기록되어 있다.

따라서 여기서의 낙랑군(樂浪郡)은 후한낙랑군(後漢樂浪郡)이다.

동북아고대사정립 1의 학설 41) 에 의하면

> 전한낙랑군(前漢樂浪郡)은 낙랑서해(樂浪西海)와 단단대령(單單大嶺) 사이에
> 위치했고, 후한낙랑군(後漢樂浪郡)은 단단대령(單單大嶺) 동쪽에 위치했다.
> 후한낙랑군(後漢樂浪郡)과 고구려(高句麗)는 살수(薩水)를 국경으로 남북으로 영토를
> 접했다.

후한서(後漢書) 동이열전(東夷列傳) 고구려(高句麗) 편에 기록된 조선(朝鮮)은 요동군(遼東郡) 남쪽에 접해 있는 전한낙랑군(前漢樂浪郡)이 아니라 요동군(遼東郡) 동남쪽에 멀리 떨어져 있는 후한낙랑군(後漢樂浪郡)이다.

후한서(後漢書)의 기록이므로 단단대령(單單大嶺) 서쪽의 전한낙랑군(前漢樂浪郡)이 아니라 단단대령(單單大嶺) 동쪽의 후한낙랑군(後漢樂浪郡)이 기록된 것은 당연하다.

학설 51) 에 의하면

> 고조선(古朝鮮) 남부 지역은 낙랑서해(樂浪西海) ➡ 전한낙랑군(前漢樂浪郡) ➡
> 단단대령(單單大嶺) ➡ 예국(濊國) ➡ 맥국(貊國) ➡ 한반도의 동해가
> 서쪽에서 동쪽 방향으로 위치한다.

후한낙랑군(後漢樂浪郡)은 단단대령(單單大嶺) 동쪽에 위치했던 예국(濊國), 즉 임둔군(臨屯郡)의 영토에 위치했다.

> 학설 58)
> 후한낙랑군(後漢樂浪郡)은 단단대령(單單大嶺) 동쪽 임둔군(臨屯郡)과
> 예국(濊國)의 영토였던 곳에 위치했다.

삼국사기(三國史記) 고구려본기(高句麗本紀)에 의하면

> 대무신왕(大武神王) 27년<AD 44년>
> 漢光武帝 遣兵渡海伐樂浪 取其地爲郡縣 薩水已南屬漢
> 한(漢) 광무제(光武帝)가 군사를 보내 해(海)를 건너 낙랑(樂浪)을 정벌했으며,
> 그 땅을 취해 군현(郡縣)을 설치했다. 살수(薩水) 이남이 한(漢)에 속했다.

후한(後漢) 광무제(光武帝)는 후한낙랑군(後漢樂浪郡)을 설치하기 위해 먼저 낙랑(樂浪)을 정벌했다.

이때, '후한(後漢) 광무제(光武帝)가 보낸 군대는 해(海)를 건넜다'고 기록되어 있다.

진요동(秦遼東)에서 낙랑서해(樂浪西海)를 건너 전한낙랑군(前漢樂浪郡) 땅에 도착한 것을 '해(海)를 건넜다'고 기록할 수도 있다.

하지만 당시 낙랑서해(樂浪西海) 동쪽에 접해 있는 전한낙랑군(前漢樂浪郡)은 이미 고구려(高句麗)의 영토로 편입되어 있었고, 낙랑(樂浪) 유민들은 이미 단단대령(單單大嶺) 동쪽으로 도망갔다.

후한(後漢)과 단단대령(單單大嶺) 동쪽으로 도망간 낙랑(樂浪) 사이는 고구려(高句麗)의 영토였기 때문에 후한(後漢) 광무제(光武帝)의 군대는 육로를 통해 낙랑(樂浪)을 정벌할 수 없었다.

그러나 낙랑(樂浪) 유민들이 도망간 땅이 남쪽은 바다였으므로 후한(後漢)의 군대는 바다를 건너 단단대령(單單大嶺) 동쪽 낙랑(樂浪)을 정복했고, 그곳에 후한낙랑군(後漢樂浪郡)을 설치했다.

후한낙랑군(後漢樂浪郡) 북쪽 국경은 살수(薩水)였다.

후한낙랑군(後漢樂浪郡)은 단단대령(單單大嶺) 동쪽에 위치했던 임둔군(臨屯郡)·예국(濊國)·영동(嶺東) 7현(縣)의 영토였던 임둔(臨屯) 땅에 설치되었으므로 임둔(臨屯) 땅 남쪽은 바다임을 알 수 있다.

학설 59)

임둔군(臨屯郡)·예국(濊國)·영동(嶺東) 7현(縣)·후한낙랑군(後漢樂浪郡)이 위치했던 임둔(臨屯) 땅은 남쪽으로 바다를 접했다.

임둔(臨屯) 땅의 후한낙랑군(後漢樂浪郡) 동북쪽 국경인 살수(薩水)가 500여 년 뒤 수(隋)와 고구려(高句麗) 간 전쟁에 등장하는 살수(薩水)와 동일한 하천이라면, 광무제(光武帝)가 후한낙랑군(後漢樂浪郡)을 설치하면서 예맥(濊貊) 땅 중부 지역 일부를 점유한 것이다.

第3節
고조선(古朝鮮) 영토고표(領土考表) 초안(草案)

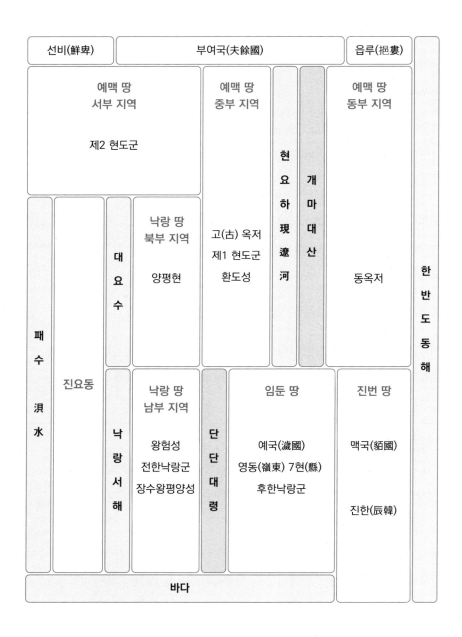

| 선비(鮮卑) | 부여국(夫餘國) | | | | 읍루(挹婁) | |

예맥 땅
서부 지역

제2 현도군

예맥 땅
중부 지역

예맥 땅
동부 지역

현요하現遼河

개마대산

동옥저

한반도 동해

패수 浿水

진요동

대요수

낙랑 땅
북부 지역

양평현

고(古) 옥저
제1 현도군
환도성

낙랑 서해

낙랑 땅
남부 지역

왕험성
전한낙랑군
장수왕평양성

단단대령

임둔 땅

예국(濊國)
영동(嶺東) 7현(縣)
후한낙랑군

진번 땅

맥국(貊國)

진한(辰韓)

바다

후한서(後漢書) 동이열전(東夷列傳)의 기록으로 영토고표(領土考表)의 기본틀을 만들었다.

그후 기본틀에 [유미 학설]을 대입했다.

동북아고대사정립 1의 [유미 학설]에 의하면

> 요수(遼水)에서 개칭된 유수(濡水) ➡ 패수(浿水) ➡ 패수(沛水)에서
>
> 개칭된 대요수(大遼水) ➡ 전한낙랑군패수(前漢樂浪郡浿水) ➡
>
> 후한낙랑군패수(後漢樂浪郡浿水)가 서쪽에서 동쪽 방향으로 위치한다.

후한서(後漢書) 동이열전(東夷列傳)의 기록에 [유미 학설]을 대입하여 만든 초안(草案)은 고조선(古朝鮮) 영토고표(領土考表) 완성본(完成本)을 작성하기 위한 예비 과정의 영토고표(領土考表)일 뿐이다.

이하, 고조선(古朝鮮) 영토고표(領土考表)의 초안(草案)이라 칭한다.

고조선(古朝鮮) 영토고표(領土考表)의 초안(草案)을 고찰(考察)해 보니
어떠한 경우의 수를 대입하더라도
단단대령(單單大嶺)은 한반도 내에 위치할 수 없음을 알 수 있었다.

만약 단단대령(單單大嶺)이 한반도 내에 위치한다면

후한낙랑군패수(後漢樂浪郡浿水)는 동쪽으로 흘러 입해(入海)하기 때문에 그 해(海)는 한반도 동해가 될 수밖에 없다.

광무제(光武帝)는 단단대령(單單大嶺) 동쪽 낙랑(樂浪)을 정벌하기 위해 한반도 동해로 수군을 보냈다고 해석해야 하는데, 이는 상식과 너무 동떨어진 해석이다.

게다가 후한낙랑군(後漢樂浪郡)이 한반도 동해에 접해 있다면 후한서(後漢書) 동이열전(東夷列傳)의 기록은 모두 거짓이 된다.

후한서(後漢書) 권85 동이열전(東夷列傳) 예(濊) 편에 의하면

自單單大嶺已東 沃沮濊貊悉屬樂浪 後以境土廣遠 復分領東七縣
置樂浪東部都尉

단단대령(單單大嶺) 동쪽으로 옥저(沃沮)·예(濊)·맥(貊)은 모두 낙랑(樂浪)에 속했다.
그 구역이 넓고 멀어 영동(嶺東) 7현(七縣)을 나누어 낙랑동부도위(樂浪東部都尉)를
설치했다.

후한서(後漢書) 동이열전(東夷列傳)에 의하면 단단대령(單單大嶺) 동쪽에는 예국(濊國)과 맥국(貊國)이 건국될 수 있는 상당히 넓은 땅이 있어야만 한다.

학설 60)

단단대령(單單大嶺)은 한반도 내에 위치할 수 없다.
단단대령(單單大嶺) 동쪽에는 고대국가들이 건국될 수 있는 상당히 넓은 땅이
있어야만 한다.

단단대령(單單大嶺)은 현(現) 요동반도에 위치할 수 없다.

단단대령(單單大嶺)이 현(現) 요동반도에 위치한다면

후한낙랑군(後漢樂浪郡) 동쪽에 예국(濊國)과 맥국(貊國)을 설명할 공간이 생긴다.

그러나 단단대령(單單大嶺) 서쪽에 접해 있는 전한낙랑군(前漢樂浪郡)은 요동반도의
서변(西邊)에 갇히게 되어 역사적 사실에 전혀 부합(符合)하지 않는다.

한가지 예를 제시해 보면 다음과 같다.

한서지리지(漢書地理志) 낙랑군(樂浪郡) 편에 의하면 '탄열현(呑列縣)의 분려산(分黎

山)에서 열수(列水)가 나와 서(西)로 흘러 점선현(黏蟬縣)에 이르러 입해(入海)하는데 820리(里)를 흐른다'고 기록되어 있다.

하지만 요동반도의 서변(西邊)에는 그러한 하천이 흐를 공간이 없다.

단단대령(單單大嶺)은 현(現) 요령성(遼寧省) 동부 지역에 위치할 수 없다.

단단대령(單單大嶺)이 현(現) 요령성(遼寧省) 동부 지역에 위치한다면

단단대령(單單大嶺) 동쪽에 위치해야 하는 후한낙랑군(後漢樂浪郡)과 후한낙랑군(後漢樂浪郡) 북쪽에 위치한 고구려(高句麗)의 수도는 현(現) 길림성(吉林省)에 위치해야 한다.

후한낙랑군(後漢樂浪郡)은 남쪽으로 바다를 접해야 하는데 현(現) 길림성(吉林省) 남쪽은 한반도이며, 길림성(吉林省)으로 도망간 낙랑(樂浪)을 정벌하기 위해 광무제(光武帝)가 군대를 보낸다는 것도 자체가 상식에서 벗어나 있다.

결국, 단단대령(單單大嶺)은
현(現) 요하(遼河) 서쪽에 위치한다는 결론에 도달한다.

대요수(大遼水)는 반드시 단단대령(單單大嶺) 서쪽에 위치해야 한다.

따라서 단단대령(單單大嶺) 동쪽에 위치한 현(現) 요하(遼河)는 대요수(大遼水)가 될 수 없다.

학설 61)

단단대령(單單大嶺)은 현(現) 요하(遼河) 서쪽에 위치한다.

대요수(大遼水)는 낙랑(樂浪) 땅 동쪽 경계인 단단대령(單單大嶺) 서쪽에 위치하기 때문에 현(現) 요하(遼河)는 대요수(大遼水)가 될 수 없다.

단단대령(單單大嶺)은 현(現) 요하(遼河) 서쪽에 위치하며, 단단대령(單單大嶺) 동쪽에는 '현(現) 요하(遼河) 하류 유역부터 한반도 동해까지 넓은 공간'이 펼쳐져있다.

이러한 경우에만 단단대령(單單大嶺) 동쪽 임둔(臨屯) 땅에 임둔군(臨屯郡)·예국(濊國)·영동(嶺東) 7현(縣)·후한낙랑군(後漢樂浪郡)을 비정할 수 있다.

또한 임둔(臨屯) 땅 동쪽에 위치한 진번(眞番) 땅에 진번군(眞番郡)과 맥국(貊國)을 비정할 수 있으며, 사기(史記)에 기록된 고조선(古朝鮮)의 방수천리(方數千里) 영토에 대한 설명이 가능하다.

학설 62)

예국(濊國)·영동(嶺東) 7현(縣)·후한낙랑군(後漢樂浪郡)이 위치했던 임둔(臨屯) 땅은 현(現) 요하(遼河) 하류 유역이며, 임둔(臨屯) 땅 동쪽은 한국(韓國)으로 불리었다.

동옥저(東沃沮) 서남쪽에 접해 있는 후한낙랑군(後漢樂浪郡) 동북쪽 국경인 살수(薩水)는 현(現) 요하(遼河) 동쪽에 위치해야 한다.

여·수전쟁(麗隋戰爭)에서 등장하는 살수(薩水)와 동일한 하천인지 아닌지는 500년이 넘는 두 시기의 간격을 고려하면 쉽게 결론을 내릴 수 없다.

동북아고대사정립 1의 학설41) 에 의하면

전한낙랑군(前漢樂浪郡)은 낙랑서해(樂浪西海)와 단단대령(單單大嶺) 사이에 위치했고, 후한낙랑군(後漢樂浪郡)은 단단대령(單單大嶺) 동쪽에 위치했다.
후한낙랑군(後漢樂浪郡)과 고구려(高句麗)는 살수(薩水)를 국경으로 남북으로 영토를 접했다.

쉽게 결론을 내릴 수 있는 것은 '후한낙랑군(後漢樂浪郡)이 단단대령(單單大嶺) 동쪽 현(現) 요하(遼河) 하류 유역에 위치했다'는 사실이다.

후한서(後漢書) 동이열전(東夷列傳) 고구려(髙句麗) 편에 의하면 후한낙랑군(後漢樂浪郡)은 북쪽으로 고구려(髙句麗)와 접해 있는데, 기준점은 후한낙랑군(後漢樂浪郡) 조선현(朝鮮縣)과 고구려(髙句麗) 수도인 환도성(丸都城)이다.

학설 57) 에 의하면

> 고구려(髙句麗)의 세 번째 수도인 환도성(丸都城)은 고구려압록수(髙句麗鴨淥水) 중류 서쪽에 인접해 있으며, 대요수(大遼水)는 고구려압록수(髙句麗鴨淥水) 중류에서 서쪽으로 1,000리(里) 이상 떨어진 지점에 위치한다.

환도성(丸都城) 동쪽에 인접해 있는 고구려압록수(髙句麗鴨淥水)는 현(現) 요하(遼河)임을 알 수 있다.

학설 63)

환도성(丸都城) 동쪽에 인접해 있는 고구려압록수(髙句麗鴨淥水)는 현(現) 요하(遼河)이다.

후한서(後漢書) 동이열전(東夷列傳)에 의하면 단단대령(單單大嶺)은 낙랑(樂浪) 땅과 예국(濊國) 간 국경이다.

한편, 개마대산(蓋馬大山)은 예국(濊國) 북쪽에 위치한 고구려(髙句麗) 동쪽 국경이기 때문에 개마대산(蓋馬大山)은 단단대령(單單大嶺) 동북쪽에 위치한다.

또한 수도인 환도성(丸都城)이 현(現) 요하(遼河) 중류 서쪽에 인접해 있기 때문에 개마대산(蓋馬大山)은 현(現) 요하(遼河) 동쪽에 위치한다.

학설 64)

단단대령(單單大嶺) ➡ 현(現) 요하(遼河) ➡ 개마대산(蓋馬大山)이 서쪽에서 동쪽 방향으로 위치한다.

第4節
고조선(古朝鮮) 영토고표(領土考表) 완성본(完成本)

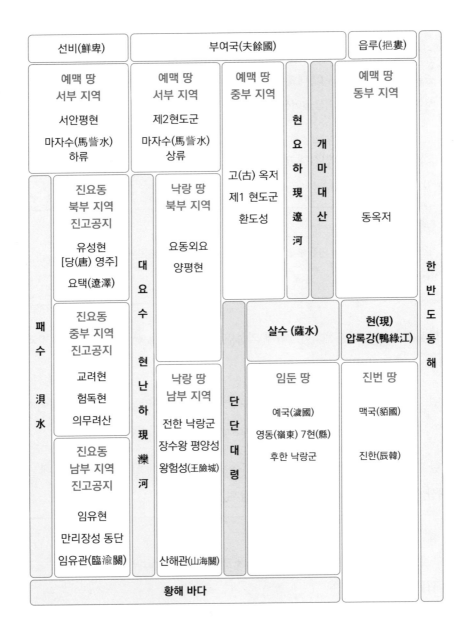

선비(鮮卑)	부여국(夫餘國)				읍루(挹婁)	
예맥 땅 서부 지역 서안평현 마자수(馬訾水) 하류	예맥 땅 서부 지역 제2현도군 마자수(馬訾水) 상류	예맥 땅 중부 지역 고(古) 옥저 제1 현도군 환도성	현요하現遼河	개마대산	예맥 땅 동부 지역 동옥저	한반도동해
진요동 북부 지역 진고공지 유성현 [당(唐) 영주] 요택(遼澤)	낙랑 땅 북부 지역 요동외요 양평현					
진요동 중부 지역 진고공지 교려현 험독현 의무려산	낙랑 땅 남부 지역 전한 낙랑군 장수왕 평양성 왕험성(王險城)	살수 (薩水) 임둔 땅 예국(濊國) 영동(嶺東) 7현(縣) 후한 낙랑군			현(現) 압록강(鴨綠江) 진번 땅 맥국(貊國) 진한(辰韓)	
진요동 남부 지역 진고공지 임유현 만리장성 동단 임유관(臨渝關)	산해관(山海關)					
황해 바다						

패수浿水

대요수현난하現灤河

단단대령

고조선(古朝鮮) 영토고표(領土考表) 초안(草案)에 [명환 학설]과 동북아고대사정립 1의 학설 45), 학설 49)를 대입했다.

동북아고대사정립 1의 [명환 학설]에 의하면

> 유수(濡水) ➡ 연장성동단(燕長城東端) 양평현(襄平縣)과 요동고새(遼東故塞)
> ➡ 패수(浿水) ➡ 만리장성동단(萬里長城東端)이 위치한 진고공지(秦故空地) ➡
> 대요수(大遼水) ➡ 요동외요(遼東外徼) ➡ 전한낙랑군패수(前漢樂浪郡浿水) ➡
> 후한낙랑군패수(後漢樂浪郡浿水)가 서쪽에서 동쪽 방향으로 위치한다.

동북아고대사정립 1의 학설 45) 에 의하면

> 장수왕평양성(長壽王平壤城)의 위치는 전한낙랑군(前漢樂浪郡) 패수(浿水) 북쪽이며,
> 고조선(古朝鮮)의 수도 왕험성(王險城)이 서쪽에 인접해 있다.

동북아고대사정립 1의 학설 49) 에 의하면

> 예맥(濊貊) 땅 서부 지역에 소수맥(小水貊)과 구려(句麗)가 위치했고, 중부 지역에는
> 옥저(沃沮)가 위치했다.
> 예맥(濊貊) 땅 서부 지역에는 한(漢) 요동군(遼東郡) 서안평현(西安平縣)과 두 번째
> 현도군(玄菟郡)이 설치되었고, 중부 지역에는 첫 번째 현도군(玄菟郡)이
> 설치되었었다.

또한 완성도를 높이기 위해 한서지리지(漢書地理志)를 연구한 후, 7개의 결과를 대입했다.

이하, 고조선(古朝鮮) 영토고표(領土考表) 완성본(完成本)이라 칭한다.

7개의 연구 결과는 이어지는 글에서 확인할 수 있다.

1. 마자수(馬訾水)가 예맥(滅貊) 땅 서부 지역에서 흐른다는 근거

한서지리지(漢書地理志) 현도군(玄菟郡) 편에 의하면

玄菟郡 武帝元封四年開 戶四萬五千六 口二十二萬一千八百四十五 縣三

高句驪 遼山遼水所出 西南至遼隊入大遼水 又有南蘇水西北經塞外 上殷台

西蓋馬 馬訾水西北入鹽難水 西南至西安平入海 過郡二 行二千一百里

현도군(玄菟郡), 무제(武帝) 원봉(元封) 4년에 시작되었다. 호(戶)는 45,006이고,
구(口)는 221,845이다. 현(縣)은 3개이다.
[고구려현(高句麗縣)] <요산(遼山)에서 요수(遼水)가 시작된다. 서남쪽으로 흘러
요대현(遼隊縣)에 이르러 대요수(大遼水)로 들어간다. 또한 남소수(南蘇水)가 있는데
서북쪽 새(塞) 밖으로 나간다>, [상은태현(上殷台縣)],
[서개마현(西蓋馬縣)] <마자수(馬訾水)는 서북쪽으로 흘러 염난수(鹽難水)와 합류하고
서남쪽으로 흘러 서안평현(西安平縣)에 이르러 입해(入海)한다. 2개의 군(郡)을 지나고
2,100리(里)를 흐른다>.

한서지리지(漢書地理志)에 기록된 현도군(玄菟郡)은 고구려(高句麗) 서북쪽에 위치한 제2 현도군(玄菟郡)이며, 여기서의 요수(遼水)는 소요수(小遼水)이다.

소요수(小遼水)·마자수(馬訾水)·염난수(鹽難水)가 흐르는 제2 현도군(玄菟郡)이 위치한 곳은 예맥(滅貊) 땅 서부 지역이다.

제2 현도군(玄菟郡)에서 출발한 마자수(馬訾水)는 서쪽 방향으로 흘러 한(漢) 요동군(遼東郡) 서안평현(西安平縣)에서 입해(入海)했으며, 제2 현도군(玄菟郡)과 요동군(遼東郡) 영토에서 흐르기 때문에 '2개의 군(郡)을 지난다'고 기록되어 있다.

마자수(馬訾水)가 서쪽으로 2,100리(里)를 흘러 입해(入海)한 서안평현(西安平縣)의 영토 또한 예맥(滅貊) 땅 서부 지역이다.

이곳은 고조선(古朝鮮)의 서북방 한계로 유목민 세계와 통하는 길목이기 때문에 고조선(古朝鮮)에 매우 중요한 요충지였다.

고중국(古中國)의 입장에서는 예맥(濊貊) 땅 서부 지역을 장악할 경우 흉노(匈奴)와 예맥조선(濊貊朝鮮) 유민들 간 동맹을 차단할 수 있다.

이러한 이유로 고중국(古中國)은 예맥(濊貊) 땅 서부 지역에 서안평현(西安平縣)을 설치, 동북방 군사적 중심지인 요동군(遼東郡)에 편입시켰다.

후한서(後漢書) 요동군(遼東郡) 편의 서안평현(西安平縣)에 대한 주석에 의하면

> 魏氏春秋曰 縣北有小水 南流入海 句驪別種 因名之小水貊
>
> 위씨춘추(魏氏春秋)에 의하면 현(縣) 북쪽에 소수(小水)가 있는데 남쪽으로 흘러 입해(入海)한다. 구려(句麗)의 별종(別種)이 그 이름으로 인해 소수맥(小水貊)이라 불린다.

서안평현(西安平縣)에는 소수(小水)가 남쪽으로 흘러 입해(入海)하는데, 서안평현(西安平縣)의 남쪽 경계는 '예맥(濊貊) 땅의 해(海)'이다.

예맥(濊貊) 땅 서부 지역에 구려(句麗)의 별종(別種)으로 소수맥(小水貊)이라 불리운 예맥(濊貊) 일파(一派)가 거주했다.

예맥(濊貊) 땅 서부 지역은 본래 구려(句麗)의 영토였다.

2. 한(漢) 요서군(遼西郡) 임유현(臨渝縣)이 진요동(秦遼東) 남부 지역에 위치한다는 근거

[명환 학설]에 의하면 [고조선 패수(浿水)]와 대요수(大遼水) 사이는 만리장성동단(萬里長城東端)이 위치한 진고공지(秦故空地)이다.

동북아고대사정립 1의 학설 13) 에 의하면 진고공지(秦故空地)는 진요동(秦遼東)의 별칭이다.

만리장성은 진요동(秦遼東) 남부 지역과 중부 지역의 경계이며, 만리장성의 보호를 받는 임유현(臨渝縣)은 진요동(秦遼東) 남부 지역에 위치한다.

한서지리지(漢書地理志) 요서군(遼西郡) 편에 의하면 임유현(臨渝縣)에서 흐르는 유수(渝水)가 동쪽으로 새(塞)를 관통하여 흘러 나간다.

임유현(臨渝縣) 동쪽은 대요수(大遼水)의 하류인 낙랑서해(樂浪西海)이다.

임유현(臨渝縣) 동쪽에 위치한 새(塞)는 만리장성이며, 동쪽으로 흘러 만리장성을 빠져나간 유수(渝水)는 동쪽 또는 남쪽으로 흘러 낙랑서해(樂浪西海) 또는 바다로 입해(入海)했다.

학설 65)

전한요서군(前漢遼西郡) 임유현(臨渝縣)은 진요동(秦遼東) 남부 지역에 위치하며, 남쪽으로 바다를 접했다.

---

3. 한(漢) 요서군(遼西郡) 교려현(交黎縣)과 한(漢) 요동군(遼東郡) 험독현(險瀆縣)이 진요동(秦遼東) 중부 지역에 위치한다는 근거

한서지리지(漢書地理志) 요서군(遼西郡) 편에 의하면

遼西郡 縣十四 且慮 有高廟 柳城 馬首山在西南 參柳水北入海 西部都尉治 交黎
渝水首受塞外 南入海 東部都尉治 臨渝 渝水首受白狼 東入塞外
요서군(遼西郡), 현(縣)은 14개이다. [차려현(且慮縣)] <고묘(高廟)가 있다>,
[유성현(柳城縣)] <마수산(馬首山)이 서남에 있다. 참류수(參柳水)가 북쪽으로 흘러
입해(入海)한다. 서부도위(西部都尉)가 다스린다>, [교려현(交黎縣)] <유수(渝水)가
새외(塞外)에서 들어와 남쪽으로 흘러 입해(入海)한다. 동부도위(東部都尉)가
다스린다>, [임유현(臨渝縣)] <유수(渝水)가 백랑수(白狼水)에서 시작하여 동쪽으로
흘러 새외(塞外)로 나간다>

한서지리지(漢書地理志)에 의하면 유수(渝水)는 임유현(臨渝縣)과 임유현(臨渝縣) 북쪽에 위치한 교려현(交黎縣)에서 흘렀는데, 교려현(交黎縣)에서 남쪽으로 흘러 임유현(臨渝縣)으로 유입된 것이다.

교려현(交黎縣)은 한(漢) 요서군(遼西郡) 동부도위(東部都尉)의 치소이다.

한서지리지(漢書地理志) 요동군(遼東郡) 편에 의하면 한(漢) 요동군(遼東郡) 서부도위(西部都尉)의 치소는 무려현(無慮縣)이다.

요서군(遼西郡) 동부도위(東部都尉)가 통솔한 교려현(交黎縣) 동쪽에 요동군(遼東郡) 무려현(無慮縣)이 위치하고 있으며, 교려현(交黎縣)은 무려현(無慮縣)이 뚫렸을 경우를 대비한 2차 방어선이었다.

학설 66)

전한요서군(前漢遼西郡) 동부도위(東部都尉)가 통솔한 교려현(交黎縣)은 진요동(秦遼東) 중부 지역을 방어하는 역할을 했다.

교려현(交黎縣)은 전한요동군(前漢遼東郡) 서부도위(西部都尉)가 통솔한 무려현(無慮縣)이 뚫렸을 경우를 대비한 2차 방어선이었다.

수경주(水經注) 대요수(大遼水) 편에 의하면

白狼水又東北 逕昌黎縣故城 地理志曰 交黎也

백랑수(白狼水)는 또한 동북쪽으로 흘러 창려현(昌黎縣)의 옛 성(城) 서쪽을 지난다.

지리지(地理志)에서 말하기를 교려현(交黎縣)이다.

창려현(昌黎縣)으로 개칭된 교려현(交黎縣)이 위치한 곳은 진요동(秦遼東) 북부 지역에 위치한 유성현(柳城縣)으로 유입되기 이전의 백랑수(白狼水) 남쪽, 즉 진요동(秦遼東) 중부 지역에 해당한다.

사기(史記)의 주석서(註釋書)인 배인(裴駰)의 사기집해(史記集解)에 의하면

徐廣曰 昌黎有險瀆縣也

서광(徐廣)이 말하기를 '창려(昌黎)에 험독현(險瀆縣)이 있다'고 하였다.

서광(徐廣)은 동진(東晉) 시기의 학자이다.

진서지리지(晉書地理志) 평주(平州) 창려군(昌黎郡) 편에 의하면

> 昌黎郡 漢屬遼東屬國都尉 魏置郡 統縣二 戶九百 昌黎 賓徒
>
> 창려군(昌黎郡), 한(漢)에서는 요동속국(遼東屬國) 도위(都尉)에 속했고, 위(魏)가
>
> 군(郡)을 설치했다.
>
> 속현은 2개이고, 호(戶)는 900이다. 창려현(昌黎縣)과 빈도현(賓徒縣)이 있다.

후한(後漢)의 요동속국(遼東屬國)을 승계하여 진(晉)의 창려군(昌黎郡)이 설치되었으며, 창려군(昌黎郡)이 위치한 곳도 요동속국(遼東屬國)과 마찬가지로 대요수(大遼水) 서쪽 진요동(秦遼東)이다.

진서지리지(晉書地理志)의 기록이므로 여기서의 위(魏)는 조조(曹操)가 시조인 조위(曹魏)이다.

조위(曹魏)가 설치한 창려군(昌黎郡)의 치소는 교려현(交黎縣)을 승계한 창려현(昌黎縣)이다.

요동속국(遼東屬國)을 승계한 창려군(昌黎郡)이 설치되면서 요동속국(遼東屬國)의 속현이었던 험독현(險瀆縣)이 사라졌으며, 험독현(險瀆縣)의 영토는 창려군(昌黎郡)에 편입되었기 때문에 서광(徐廣)이 '창려(昌黎)에 험독현(險瀆縣)이 있다'고 기록한 것이다.

창려군(昌黎郡)에 편입될 만큼 창려현(昌黎縣), 즉 교려현(交黎縣)에 인접해 있는 험독현(險瀆縣)은 교려현(交黎縣)과 마찬가지로 대요수(大遼水) 서쪽 진요동(秦遼東) 중부 지역에 위치했다.

학설 67)

교려현(交黎縣)과 험독현(險瀆縣)은 요동속국(遼東屬國)을 승계한
창려군(昌黎郡)의 일부이며, 진요동(秦遼東) 중부 지역에 위치했다.

4. 한(漢) 요서군(遼西郡) 유성현(柳城縣)과 당(唐) 영주(營州)가 진요동(秦遼東) 북부 지역에 위치한다는 근거

수경주(水經注) 대요수(大遼水) 편에 의하면 백랑수(白狼水)가 대요수(大遼水)에 합류하기 전 백랑수(白狼水)에서 남쪽으로 갈라져 나온 지류가 유수(渝水)이다.

유수(渝水)는 남쪽으로 흘러 교려현(交黎縣)을 지나 임유현(臨渝縣)에 도달했기 때문에 교려현(交黎縣)은 진요동(秦遼東) 중부 지역에 위치하고, 임유현(臨渝縣)은 진요동(秦遼東) 남부 지역에 위치한다.

한편, 유수(渝水)와 갈라진 백랑수(白狼水)가 동북쪽으로 흐르면서 지나간 유성현(柳城縣)이 위치한 곳은 진요동(秦遼東) 북부 지역이다.

한서지리지(漢書地理志) 요서군(遼西郡) 편에 의하면 유성현(柳城縣)은 요서군(遼西郡) 서부도위(西部都尉)의 치소이며, 유성현(柳城縣) 동쪽에는 한(漢) 요동군(遼東郡) 치소 양평현(襄平縣)이 위치한다.

요서군(遼西郡) 서부도위(西部都尉)가 통솔한 유성현(柳城縣)은 진요동(秦遼東) 북부 지역을 방어하는 역할을 수행했으며, 요동군(遼東郡) 치소 양평현(襄平縣)이 뚫렸을 경우를 대비한 2차 방어선이었다.

> **학설 68)**
>
> 전한요서군(前漢遼西郡) 서부도위(西部都尉)가 통솔한 유성현(柳城縣)은
> 진요동(秦遼東) 북부 지역을 방어하는 역할을 했다.
> 유성현(柳城縣)은 대요수(大遼水) 동쪽에 위치한 전한요동군(前漢遼東郡) 치소
> 양평현(襄平縣)이 뚫렸을 경우를 대비한 2차 방어선이었다.

한서지리지(漢書地理志) 요서군(遼西郡) 편에 의하면 '유성현(柳城縣)에서 흐르는 참류수(參柳水)는 북쪽으로 흘러 입해(入海)했다'고 기록되어 있는데, 참류수(參柳水)가 입해(入海)한 해(海)는 내륙 깊숙한 곳에 위치하고 있다.

진요동(秦遼東) 북쪽은 예맥(濊貊) 땅 서부 지역으로 한(漢) 요동군(遼東郡) 서안평현(西安平縣)이 위치한다.

한서지리지(漢書地理志) 현도군(玄菟郡) 편에 '서개마현(西蓋馬縣)에서 흐르는 마자수(馬訾水)는 서북쪽으로 흘러 염난수(鹽難水)와 합류하고 서남쪽으로 흘러 서안평현(西安平縣)에 이르러 입해(入海)한다'고 기록되어 있다.

마자수(馬訾水)가 서안평현(西安平縣)에서 입해(入海)한 곳은 '예맥(濊貊) 땅의 해(海)'이며, 예맥(濊貊) 땅 서부 지역과 진요동(秦遼東) 간 경계이다.

진요동(秦遼東) 북부 지역에 위치한 유성현(柳城縣)에서 흐르는 참류수(參柳水)가 북쪽으로 흘러 입해(入海)한 해(海)는 한(漢) 요동군(遼東郡) 서안평현(西安平縣) 남쪽에 접해 있는 '예맥(濊貊) 땅의 해(海)'인 것이다.

> **학설 69)**
>
> 유성현(柳城縣)에서 흐르는 참류수(參柳水)가 북쪽으로 흘러 입해(入海)한 해(海)는 한(漢) 요동군(遼東郡) 서안평현(西安平縣) 남쪽에 접해 있는 '예맥(濊貊) 땅 해(海)'이다.

한서지리지(漢書地理志) 요서군(遼西郡) 편에 의하면 요서군(遼西郡) 치소는 차려현(且慮縣)이다

차려현(且慮縣)은 한(漢) 요서군(遼西郡) 영토의 서부 지역인 연요동(燕遼東)이 아니라 동부 지역인 진요동(秦遼東)에 위치했다.

'차려현(且慮縣)에는 고묘(高廟), 즉 한(漢) 고조(高祖) 유방(劉邦)의 사당(祠堂)이 있다'고 기록되어 있다.

고조선(古朝鮮) 멸망 전, 한(漢) 고조(高祖) 유방(劉邦)의 사당(祠堂)은 차려현(且慮縣) 서쪽 연요동(燕遼東) 내 첫 번째 양평현(襄平縣)에 있었다.

진(秦)은 진요동(秦遼東)에 요동군(遼東郡)을 설치하여 진요동(秦遼東)을 고중국(古中國)의 영토로 편입했다.

하지만 한(漢)과 고조선(古朝鮮) 간 국경은 진요동(秦遼東) 서쪽 경계인 패수(浿水)이다.

한(漢)을 건국한 유방(劉邦)은 고조선(古朝鮮)이 수복한 진요동(秦遼東)을 되찾아 고중국(古中國)의 영토로 편입시키지 못했다.

염철론(鹽鐵論) 권7 비호(備胡) 편에 의하면

> **朝鮮蹂徼 刦燕之東地**
> 조선(朝鮮)이 요(徼)를 넘어 연(燕)의 동쪽 땅을 강탈(强奪)했다.

염철론(鹽鐵論)에 의하면 한(漢)은 진요동(秦遼東)을 진(秦)의 영토로 인식했다.

'고조선(古朝鮮)에 의해 진요동(秦遼東)을 강탈(强奪) 당했다'고 기록으로 남길만큼 진요동(秦遼東)에 강한 고토의식(故土意識)을 가지고 있었다.

고조선(古朝鮮)을 멸망시킨 한무제(漢武帝)는 진요동(秦遼東)에 사당(祠堂)을 세워 직계 조상인 유방(劉邦)의 한(恨)을 풀어주려고 했을 것이다.

이러한 이유가 아니면 한(漢) 고조(高祖) 유방(劉邦)의 사당(祠堂)을 진요동(秦遼東)으로 옮긴 이유는 설명되지 않는다.

유성현(柳城縣)과 교려현(交黎縣)은 대요수(大遼水)를 방어할 수 있는 진요동(秦遼東)의 전략적 요충지였다.

한(漢)은 유방(劉邦)의 사당(祠堂)이 위치한 진요동(秦遼東)에서 동쪽으로 대요수(大遼水)를 바라보며, 서쪽에 위치한 유성현(柳城縣)에는 요서군(遼西郡) 서부도위(西部都尉)를, 동쪽에 위치한 교려현(交黎縣)에는 요서군(遼西郡) 동부도위(東部都尉)를 배치하여 대요수(大遼水) 방어체계를 완성했던 것이다.

진요동(秦遼東)은 진(秦)의 영토였기 때문에 진(秦)을 승계한 한(漢)은

진요동(秦遼東)에 강한 고토의식(故土意識)을 가졌다. 한(漢)은 진요동(秦遼東)에서

동쪽으로 대요수(大遼水)를 바라보며,

서쪽에 위치한 유성현(柳城縣)에는 요서군(遼西郡) 서부도위(西部都尉)를,

동쪽에 위치한 교려현(交黎縣)에는 요서군(遼西郡) 동부도위(東部都尉)를 배치하여

대요수(大遼水) 방어체계를 완성했다.

수경주(水經注) 대요수(大遼水) 편에 의하면

白狼水又東北逕龍山西 燕慕容皝以柳城之北龍山之南福地也 使陽裕築龍城

改柳城為龍城縣

백랑수(白狼水)는 또한 동북쪽으로 흘러 용산(龍山) 서쪽을 지난다.

연(燕) 모용황(慕容皝)이 유성(柳城) 북쪽과 용산(龍山) 남쪽을 복지(福地)라 하면서,

양유(陽裕)로 하여금 용성(龍城)을 쌓게 했으며, 유성(柳城)을 용성현(龍城縣)으로

바꾸었다.

백랑수(白狼水)가 동북쪽으로 흘러 용산(龍山) 서쪽을 지나고 있다.

모용황(慕容皝)이 유성(柳城) 북쪽과 용산(龍山) 남쪽을 복지(福地)라 하면서, 용성(龍城)을 축성했다.

용성(龍城)으로 인해 유성현(柳城縣)은 용성현(龍城縣)으로 개칭되었다.

AD 337년, 모용황(慕容皝)은 극성(棘城)에서 전연(前燕)을 건국했으며, AD 342년 10월, 용성(龍城)으로 천도, 그해 11월, 고구려(髙句麗)를 침략했다.

용성(龍城)으로 천도한 다음 달에 바로 고구려(髙句麗)를 침략할 수 있을 만큼 용성현(龍城縣)은 고구려(髙句麗) 침공의 교두보(橋頭堡)가 될 수 있는 위치이다.

용성현(龍城縣)은 수(隋) 요서군(遼西郡)으로 승계되었고, 수(隋) 또한 요서군(遼西郡)을 고구려(髙句麗) 침공의 교두보(橋頭堡)로 삼았다.

수(隋) 요서군(遼西郡)은 당(唐) 영주(營州)로 승계되었고, 당(唐) 또한 영주(營州)를 고구려(髙句麗) 침공의 교두보(橋頭堡)로 삼았다.

당(唐) 영주(營州)는 유성현(柳城縣)을 승계했으며, 당(唐) 영주(營州)가 위치한 곳은 백랑수(白狼水)가 대요수(大遼水)에 입해(入海)하기 전 마지막으로 흐르는 진요동(秦遼東) 북부 지역이다.

학설 71)

당(唐) 영주(營州)가 위치한 곳은 백랑수(白狼水)가 대요수(大遼水)에
입해(入海)하기 전 마지막으로 흐르는 진요동(秦遼東) 북부 지역이다.

---

5. 현(現) 압록강(鴨綠江)이 동옥저(東沃沮)와 맥국(貊國) 간 국경이라는 근거

조위(曹魏)는 한(漢) 요동군(遼東郡) 양평현(襄平縣)이 도읍이었던 공손연(公孫淵)의 군벌정권(軍閥政權)을 멸망시켰다.

이후, 관구검(毌丘儉)이 이끄는 조위(曹魏)의 군대가 고구려(髙句麗)를 공략했다.

당시 고구려(髙句麗)의 수도인 환도성(丸都城)이 위치한 곳은 양평현(襄平縣) 동쪽 1,000리(里) 지점으로 예맥(濊貊) 땅 중부 지역이다.

삼국지(三國志) 위서(魏書) 관구검전(毌丘儉傳)에 'AD 245년, 관구검(毌丘儉)이 고구려(髙句麗)를 공략했으며, 고구려(髙句麗) 동천왕(東川王)은 옥저(沃沮) 땅으로 도망갔다'고 기록되어 있다.

옥저(沃沮)는 개마대산(蓋馬大山) 동쪽 동옥저(東沃沮) 땅, 즉 예맥(濊貊) 땅 동부 지역을 의미하며, 예맥(濊貊) 땅 동부 지역은 당시 고구려(髙句麗)의 영토였다.

관구검(毌丘儉)은 현도태수(玄菟太守) 왕기(王頎)를 보내 동천왕(東川王)을 추격하게 했는데, '옥저(沃沮)를 지나는 1,000여 리(里)를 가서 숙신씨(肅愼氏)의 남계(南界)에 이르러 각석기공(刻石紀功)을 했다'고 기록되어 있다.

환도성(丸都城)을 기점(起點)으로 1,000여 리(里)를 진군한 지점에 각석기공(刻石紀功)을 했으니 그 지점은 환도성(丸都城) 동쪽에 인접한 고구려압록수(高句麗鴨淥水) 중류, 즉 현(現) 요하(遼河) 중류에서 멀리 떨어져 있어야 한다.

AD 1906년, 현(現) 압록강(鴨綠江) 북변(北邊) 집안시(集安市) 판석령(板石嶺)에서 도로공사를 하던 중 왕기(王頎)가 각석기공(刻石紀功)을 한 관구검기공비(毌丘儉紀功碑)가 발견되었다.

현(現) 집안시(集安市)는 후한(後漢) 기준척(基準尺)으로 요하(遼河) 중류 서쪽 환도성(丸都城)에서 1,000여 리(里) 지점으로 삼국지(三國志) 위서(魏書) 관구검전(毌丘儉傳)의 기록에 부합(符合)한다.

이에 고구려압록수(高句麗鴨淥水)가 현(現) 요하(遼河)라는 역사적 사실이 왕기(王頎)의 각석기공(刻石紀功)을 통해 다시 한번 확인된다.

특이한 점은 옥저(沃沮) 땅을 지난 마지막 지점이 남계(南界)라면 그곳은 옥저(沃沮)의 남계(南界)여야 하지만, 숙신씨(肅愼氏)의 남계(南界)로 기록된 점이다.

삼국지(三國志) 위서(魏書) 읍루(挹婁) 편에 '읍루(挹婁)는 고숙신씨국(古肅愼氏國)'이라고 기록되어 있다.

읍루(挹婁)가 고숙신씨국(古肅愼氏國)을 대체했으며, 삼국지(三國志) 편찬자 진수(陳壽)는 읍루(挹婁) 남쪽 예맥(濊貊) 땅 동부 지역을 통칭으로 동옥저(東沃沮)라 기록하여 읍루(挹婁)와 고조선(古朝鮮) 땅은 별개임을 분명히 했다.

당시 동옥저(東沃沮) 땅에는 소국(小國)들이 존재했고, 고숙신씨국(古肅愼氏國) 유민들도 남하하여 동옥저(東沃沮) 땅에 거주할 수 있었다.

삼국사기(三國史記) 고구려본기(高句麗本紀) 광개토대왕 편에 'AD 398년, 고구려(高句麗)가 숙신(肅愼)을 정벌했고, 이후 숙신(肅愼)이 조공(朝貢)했다'고 기록되어 있다.

후한서(後漢書) 동이열전(東夷列傳)에 기록이 없는 숙신씨(肅愼氏)는 동옥저(東沃沮) 땅에 거주한 소규모 정치세력이다.

동옥저(東沃沮) 땅인 현(現) 집안시(集安市) 일대에 숙신씨(肅愼氏)의 유민들이 머물고 있었는데, 동천왕(東川王)을 추격한 왕기(王頎)의 군대가 그들을 대면하고 기록을 남겼을 가능성이 크다.

본 연구의 목적과 직접적인 연관이 없는 내용이므로 더 이상의 추론은 생략하겠다.

삼국사기(三國史記) 고구려본기(高句麗本紀) 동천왕(東川王) 편에 '관구검(毌丘儉)이 환도성(丸都城)을 함락시키고 왕기(王頎)를 보내 추격했을 때 동천왕(東川王)이 달아난 곳은 남옥저(南沃沮)'라고 기록되어 있다.

동옥저(東沃沮) 땅에 대해서는 삼국사기(三國史記)의 기록이 가장 신뢰할 만하다.

그리고 현(現) 압록강(鴨綠江) 북변(北邊)에서 관구검기공비(毌丘儉紀功碑)가 발견되었으니 현(現) 압록강(鴨綠江)은 남옥저(南沃沮), 즉 동옥저(東沃沮)의 남쪽 국경이라고 결론을 내릴 수밖에 없다.

학설 54) 에 의하면

> 동옥저(東沃沮)는 서남쪽으로 예국(濊國)과 접하고, 남쪽으로 맥국(貊國)과 접한다.

동옥저(東沃沮)는 남쪽으로 맥국(貊國)과 접했으므로 현(現) 압록강(鴨綠江)은 동옥저(東沃沮)와 맥국(貊國) 간 국경이었다.

학설 72)
현(現) 압록강(鴨綠江)은 동옥저(東沃沮)와 맥국(貊國) 간 국경이다.

BC 108년, 낙랑조선(樂浪朝鮮)이 한(漢)에 항복하자, 낙랑조선(樂浪朝鮮)의 동쪽에 위치한 종속국인 임둔조선(臨屯朝鮮)과 진번조선(眞番朝鮮)도 한(漢)에 항복했다.

한(漢)은 임둔조선(臨屯朝鮮)과 진번조선(眞番朝鮮)의 영토에 각각 임둔군(臨屯郡)과 진번군(眞番郡)을 설치했다.

학설 52) 에 의하면

> 예국(濊國)은 임둔군(臨屯郡) 영토에서 건국되었고, 맥국(貊國)은 진번군(眞番郡)의 영토에서 건국되었다.

BC 82년, 임둔군(臨屯郡)과 진번군(眞番郡)이 예맥(濊貊) 일파(一派)들에 의해 26년 만에 폐군되었고, 임둔(臨屯) 땅과 진번(眞番) 땅에 각각 예국(濊國)과 맥국(貊國)이 건국되었다.

이는 국가 간 전면전에 의한 결과가 아니다.

예맥(濊貊) 일파(一派)들이 임둔(臨屯) 땅과 진번(眞番) 땅으로 남하하여, 한(漢)에 항거했고, 그 결과 한(漢)이 식민지 지배를 포기한 것이다.

진번군(眞番郡)과 맥국(貊國)의 북쪽 국경은 모두 현(現) 압록강(鴨綠江)이다.

국가 간 전면전이 없다면 국경은 쉽게 변하지 않기 때문이다.

결국, 고조선(古朝鮮)의 영토 내에 설치된 요서군(遼西郡)·요동군(遼東郡)·낙랑군(樂浪郡)·현도군(玄菟郡)·임둔군(臨屯郡)·진번군(眞番郡) 중 한반도 내에 설치된 한군현(漢郡縣)은 진번군(眞番郡)이 유일하며, 한반도 북부 지역에서 발굴되는 한(漢)의 유물은 낙랑군(樂浪郡)이 아닌 진번군(眞番郡)의 유물이다.

> 학설 73)
> 한반도 내에 설치된 한군현(漢郡縣)은 진번군(眞番郡)이 유일하다.

6. 현(現) 난하(灤河)가 대요수(大遼水)라는 근거

에 의하면

> 고구려(高句麗)의 세 번째 수도인 환도성(丸都城)은 고구려압록수(髙句麗鴨淥水)
>
> 중류 서쪽에 인접해 있으며, 대요수(大遼水)는 고구려압록수(髙句麗鴨淥水) 중류에서
>
> 서쪽으로 1,000리(里) 이상 떨어진 지점에 위치한다.

에 의하면

> 환도성(丸都城) 동쪽에 인접해 있는 고구려압록수(髙句麗鴨淥水)는 현(現)
>
> 요하(遼河)이다.

대요수(大遼水) 동쪽에 위치한 제2 현도군(玄菟郡) 고구려현(高句麗縣)에서 동남쪽 환도성(丸都城)까지 후한(後漢) 기준척(基準尺)으로 약 1,300리(里)이다.

현(現) 요하(遼河) 중류에서 후한(漢) 기준척(基準尺)으로 1,000리(里) 이상 떨어져 있는 대요수(大遼水)는 현(現) 난하(灤河)일 수밖에 없다.

동북아고대사정립 1의 [유미 학설]에 의하면

> 요수(遼水)에서 개칭된 유수(濡水) ➡ 패수(浿水) ➡ 패수(沛水)에서
>
> 개칭된 대요수(大遼水) ➡ 전한낙랑군패수(前漢樂浪郡浿水) ➡
>
> 후한낙랑군패수(後漢樂浪郡浿水)가 서쪽에서 동쪽 방향으로 위치한다.

대요수(大遼水)는 현(現) 난하(灤河)라는 주장을 [유미 학설]에 대입하면

"패수(浿水) 서쪽에 위치한 유수(濡水)는 현(現) 난하(灤河)가 아니며, 패수(浿水) 동쪽에 위치한 대요수(大遼水)가 현(現) 난하(灤河)이다"라는 대요수난하설(大遼水灤河說)이 탄생한다.

[대요수난하설(大遼水灤河說)]

패수(浿水) 서쪽에 위치한 요수(遼水)와 패수(浿水) 동쪽에 위치한 대요수(大遼水)는
동일한 하천이 아니다.

패수(浿水) 서쪽에 위치한 유수(濡水)는 현(現) 난하(灤河)가 아니며, 패수(浿水)
동쪽에 위치한 대요수(大遼水)가 현(現) 난하(灤河)이다.

본 연구자가 대요수난하설(大遼水灤河說)을 주장하기까지는
오랜 시간의 연구가 필요했다.

중국(中國)이 현(現) 난하(灤河)를 6백년 이상
유수(濡水)로 인식하고 있기 때문이다.

현(現) 난하(灤河)가 요수(遼水)라는 주장은 한중일학계(韓中日學界)의 통설(通說)과 다르지 않다.

유수(濡水)가 현(現) 난하(灤河)라는 한중일학계(韓中日學界)의 통설(通說)이 옳다면, 현(現) 난하(灤河)는 요수(遼水)이기 때문이다.

현(現) 난하(灤河)가 요수(遼水)라는 주장은 연요동(燕遼東)과 한요동(漢遼東)을 구분하지 못했거나, 요수(遼水)와 대요수(大遼水)를 구분하지 못해서이다.

동북아고대사정립 1의 [유미 학설]에 의하면

요수(遼水)에서 개칭된 유수(濡水) ➡ 패수(浿水) ➡ 패수(沛水)에서

개칭된 대요수(大遼水) ➡ 전한낙랑군패수(前漢樂浪郡浿水) ➡

후한낙랑군패수(後漢樂浪郡浿水)가 서쪽에서 동쪽 방향으로 위치한다.

대요수(大遼水)는 반드시 유수(濡水) 동쪽에 위치해야 하기 때문에 대요수(大遼水)가 현(現) 난하(灤河)라고 주장하기 위해서는 현(現) 난하(灤河)가 유수(濡水)라는 한중일학계(韓中日學界)의 통설(通說)을 논파해야 한다.

그리고 그 논파에 이어 그렇다면 한서지리지(漢書地理志)와 수경주(水經注)에 기록된 유수(濡水)는 도대체 어느 하천인지도 추가적으로 논증해야 한다.

그 논증의 과정에는 고조선(古朝鮮)의 영토를 벗어난 지역에 관한 연구들이 수록되어야 하며, 그 논증의 과정을 본 논문(論文)에 기술하게 되면 고조선(古朝鮮)과 고구려(高句麗) 영토의 변천 과정을 다루려고 했던 동북아고대사정립(東北亞古代史正立) 2의 성격도 바뀐다고 판단했다.

따라서 유수(濡水)에 관련된 논증은 동북아고대사정립(東北亞古代史正立) 3에서 다루기로 하고, 여기서는 논문(論文)의 목적에 집중하고자 한다.

대요수(大遼水)가 현(現) 난하(灤河)임이 밝혀지면서 '당태종(唐太宗)이 고생한 요택(遼澤)은 현(現) 난하(灤河) 서쪽에 위치했다'고 주장할 수 있게 되었다.

요택(遼澤)은 '예맥(濊貊) 땅의 해(海)' 남쪽에 접해 있는 진요동(秦遼東) 북부 지역 중 현(現) 난하(灤河)에 인접한 곳에 위치했다.

학설 75)
당태종(唐太宗)이 고생한 요택(遼澤)은 진요동(秦遼東) 북부 지역 중 현(現) 난하(灤河)에 인접한 곳에 위치했다.

> 전한낙랑군(前漢樂浪郡)의 서쪽 한계는 대요수(大遼水)가 남쪽으로 흘러 입해(入海)한 낙랑서해(樂浪西海)이다.
> 고조선(古朝鮮) 멸망 후, 한(漢)과 고조선(古朝鮮) 간 국경인 패수(浿水)는 조선현(朝鮮縣)의 하천명으로 격하되었다.

대요수(大遼水)가 현(現) 난하(灤河)로 밝혀짐으로써 '한(漢) 낙랑군(樂浪郡) 서쪽 경계인 낙랑서해(樂浪西海)는 현(現) 난하(灤河)의 하류'라고 주장할 수 있게 되었다.

요사지리지(遼史地理志)에 의하면 고중국(古中國)은 현(現) 요하(遼河) 하류도 '해(海)'라 칭했다.

애초에 낙랑서해(樂浪西海)가 될 수 있는 곳은 대요수(大遼水)의 후보였던 현(現) 난하(灤河)와 요하(遼河)의 하류뿐이었다.

한서지리지(漢書地理志)와 수경주(水經注)에 의하면 만리장성동단(萬里長城東端)이 위치한 진요동(秦遼東) 남쪽은 바다이고, 동쪽은 대요수(大遼水)임이 너무나도 명백하다.

대요수(大遼水) 동쪽을 차지하여 서쪽 진요동(秦遼東)을 요서(遼西)로 만들어버리고 요동(遼東) 타이틀을 승계한 한요동(漢遼東)의 존재도 대요수(大遼水) 하류가 낙랑서해(樂浪西海)임을 알려준다.

낙랑(樂浪) 땅은 한요동(漢遼東) 남쪽에 접해 있음이 명백했기 때문이다.

반면, '요서(遼西) 땅이 된 진요동(秦遼東)과 낙랑(樂浪) 땅 사이에 대요수(大遼水)의 하류가 아닌 한반도 서해 바다가 위치한다'는 생각은 너무나도 상식을 벗어났다.

진요동(秦遼東)에 위치한 진번조선(眞番朝鮮)이나 위만(衛滿)이 다스린 진고공지(秦故空地)는 대요수(大遼水)를 경계로 낙랑(樂浪) 땅과 서로 접해 있었다.

전한낙랑군패수(前漢樂浪郡浿水) 남쪽에서 흐르는 열수(列水)의 열구(列口)에서 수군(水軍)인 양복(楊僕)의 군대가 육군인 순체(荀彘)의 군대를 기다렸다는 사기(史記) 조선열전(朝鮮列傳)의 기록만 보아도 이러한 사실은 명백하다.

게다가 낙랑(樂浪) 땅의 하천들이 현(現) 난하(灤河)와 같은 대하천이 아니라 한반도의 서해로 직접 입해(入海)했다면, 고중국(古中國)의 학자들이 '고유명사' 또는 '대해(大海)'가 아닌 '해(海)'라는 한자(漢字) 하나로 한반도의 서해 바다를 표현하지 않았을 것이다.

> 학설 76)
> 전한낙랑군(前漢樂浪郡) 서쪽 경계인 낙랑서해(樂浪西海)는 현(現) 난하(灤河)의 하류이다.

동북아고대사정립 1의 학설 38) 에 의하면

> 고중국(古中國) 영토의 동북쪽 한계가 요수(遼水)였을 때의 동쪽 관문은 유관(楡關)이고, 패수(浿水)가 한계였을 때의 동쪽 관문은 유림관(楡林關)이며, 대요수(大遼水)가 한계였을 때의 동쪽 관문은 임유관(臨渝關)이다.

대요수(大遼水)가 현(現) 난하(灤河)로 밝혀짐으로써 '난하(灤河) 하류 서쪽에 만리장성 동쪽 관문인 임유관(臨渝關)이 위치했다'고 주장할 수 있게 되었다.

한편, 현(現) 난하(灤河) 하류 동쪽에는 명장성(明長城) 동쪽 관문인 산해관(山海關)이 위치한다.

동북아고대사정립 1의 학설 17) 에 의하면

> 한(漢)은 낙랑(樂浪) 땅 북부 지역의 서쪽 경계였던 패수(沛水)를 대요수(大遼水)로 개칭했다.

대요수(大遼水)는 본래 진(秦)과 고조선(古朝鮮) 간 국경인 패수(浿水)였기 때문에, 진시황(秦始皇) 치하(治下)에서 현(現) 난하(灤河) 서쪽은 진요동(秦遼東)이고, 현(現) 난하(灤河) 동쪽은 낙랑(樂浪) 땅이었다.

만리장성이 진요동(秦遼東)까지 축성되었기 때문에, 만리장성 동쪽 관문인 임유관(臨渝關)이 현(現) 난하(灤河) 동쪽의 낙랑(樂浪) 땅이 아니라 현(現) 난하(灤河) 서쪽에 위치한다는 역사적 사실은 명백하다.

이후, 고조선(古朝鮮)을 멸망시킨 한(漢)은 현(現) 난하(灤河) 동쪽에 위치한 낙랑(樂浪) 땅으로 만리장성을 연장하지 않았다.

현(現) 난하(灤河) 동쪽 낙랑(樂浪) 땅까지 장성을 축성한 유일한 고중국(古中國) 왕조(王朝)는 명(明)이다.

따라서 명장성(明長城) 동쪽 관문인 현(現) 산해관(山海關)은 만리장성 동쪽 관문인 임유관(臨渝關)보다 더 동쪽에 위치한다.

학설 77)

낙랑(樂浪) 땅까지 장성을 축성한 유일한 왕조(王朝)는 명(明)이다.

따라서 명장성(明長城) 동쪽 관문인 현(現) 산해관(山海關)은 만리장성 동쪽 관문인 임유관(臨渝關)보다 더 동쪽에 위치한다.

---

7. 의무려산(醫無閭山)이 한요서(漢遼西)와 한요동(漢遼東) 간 경계인 근거

고조선(古朝鮮) 멸망 후, 고중국(古中國)은 새로운 요동(遼東)을 만들었다.

한(漢)이 예맥(濊貊) 땅과 접한 낙랑(樂浪) 땅을 모두 낙랑군(樂浪郡)의 영토로 편입시켰다면 한요동(漢遼東)은 낙랑군(樂浪郡) 북쪽에 접해 있을 수 없다.

한(漢)은 진요동(秦遼東)의 의무려산(醫無閭山)을 기준으로 동쪽은 현(現) 난하(灤河)를 넘어 번한현(番汗縣) 일대까지 한요동(漢遼東)의 영토로 정했다.

그리고 한(漢)은 의무려산(醫無閭山) 동쪽에 인접해 있는 대하천인 패수(浿水)를 대요수(大遼水)로 개칭했다.

무려현(無慮縣)·험독현(險瀆縣)·방현(房縣)은 전한요동군(前漢遼東郡)의 속현이며, 방현(現)이 3곳 중 가장 동쪽에 위치했다.

의무려산(醫無閭山)이 위치한 무려현(無慮縣)과 무려현(無慮縣) 동쪽에 위치한 험독현(險瀆縣)이 대요수(大遼水) 서쪽에 위치했음은 역사적 상식이다.

한서지리지(漢書地理志)에 수록된 험독현(險瀆縣)에 관한 주석에 의하면

> 應劭曰 朝鮮王滿都也 依水險 故曰險瀆
> 응초(應劭)가 말하기를 조선(朝鮮)의 왕(王) 만(滿)의 도읍이다.
> 수(水)가 험한 것에 의지하여서 험독(險瀆)이라 했다.

험독현(險瀆縣)은 대요수(大遼水) 서쪽 수(水)가 험한 곳에 위치하고 있다.

수경주(水經注) 대요수(大遼水) 편에 의하면 대요수(大遼水)가 흐르는 방현(房縣)은 험독현(險瀆縣) 동쪽에 위치하며, 방현(房縣) 외에도 여러 요동군(遼東郡) 속현에서 대요수(大遼水)가 흐르고 있다.

전한요동군(前漢遼東郡) 속현들이 대요수(大遼水) 서쪽에 위치한 이유는 고조선(古朝鮮) 멸망 후, 새로운 요서(遼西)와 요동(遼東)이 탄생했으며, 대요수(大遼水) 서쪽에 위치한 의무려산(醫無閭山)이 새로운 요서(遼西)와 새로운 요동(遼東) 간 경계였기 때문이다.

학설 78)

고조선(古朝鮮) 멸망 후, 새로운 요서(遼西)와 요동(遼東)이 탄생했으며, 현(現) 난하(灤河) 서쪽에 위치한 의무려산(醫巫閭山)은 새로운 요서(遼西)와 새로운 요동(遼東) 간 경계였다.

第5節
고조선영토획정(古朝鮮領土劃定)

본 연구의 목적인 고조선(古朝鮮) 영토고표(領土考表)를 완성하기 위해 후한서(後漢書)·한서(漢書)·수경주(水經注) 등에 수록된 기록들을 연구했다.

이를 바탕으로 한(漢)이 고조선(古朝鮮)의 영토 내에 설치한 6군(郡)의 영토 및 이후의 변화를 고증(考證)한 결과, 다음과 같은 연구 결과에 도달함으로써 고조선(古朝鮮)의 영토를 획정(劃定)할 수 있었다.

1. 고조선(古朝鮮) 서쪽 국경인 패수(浿水)는 현(現) 난하(灤河) 서쪽에 위치한다.

   패수(浿水)와 현(現) 난하(灤河) 사이는 만리장성동단(萬里長城東端)이 위치한 진요동(秦遼東)이다.

   따라서 서쪽으로 현(現) 하북성(河北省) 당산시(唐山市)와 승덕시(承德市)까지가 고조선(古朝鮮)의 영토였다.

2. 고조선(古朝鮮)의 영토는 동쪽으로 한반도 북부 지역의 동해 바다에 이르렀다.

   본래 한국(韓國) 땅인 한반도 북부 지역은 진번(眞番)의 영토가 되었다.

3. 고조선(古朝鮮) 서부 지역은 남쪽으로 바다에 닿았고, 고조선(古朝鮮) 동부 지역은 남쪽으로 한국(韓國)과 접해 있었다.

4. 진요동(秦遼東)·낙랑(樂浪)·임둔(臨屯)·진번(眞番)은 북쪽으로 예맥조선(濊貊朝鮮)과 접해 있었다.

5. 예맥조선(濊貊朝鮮)은 북쪽으로 선비(鮮卑)·부여국(夫餘國)·읍루(挹婁)와 접해 있었다.

학설79)

[고조선영토획정학설(古朝鮮領土劃定學說)] [석주학설(錫柱學說)]

연요동(燕遼東) ➡ 패수(浿水) ➡ 진요동(秦遼東) ➡ 현(現) 난하(灤河) ➡ 낙랑(樂浪)

➡ 단단대령(單單大嶺) ➡ 임둔(臨屯) ➡ 진번(眞番) ➡ 한반도동해(韓半島東海)가

서쪽에서 동쪽 방향으로 위치한다.

진요동(秦遼東) · 낙랑(樂浪) · 임둔(臨屯) · 진번(眞番)은 북쪽으로

예맥조선(濊貊朝鮮)과 접해 있으며, 예맥조선(濊貊朝鮮)은 북쪽으로

선비(鮮卑) · 부여국(夫餘國) · 읍루(挹婁)와 접해 있다.

고조선영토획정학설(古朝鮮領土劃定學說)을 약칭으로는 석주학설(錫柱學說)이라 칭하고 영어로는 SUKJU THEORY라 칭한다.

참고문헌

후한서(後漢書)〈 범엽(范曄) 〉

한서(漢書)〈 반고(班固) 〉

사기(史記)〈 사마천(司馬遷) 〉

수경주(水經注)〈 역도원(酈道元) 〉

삼국사기(三國史記)〈 김부식(金富軾) 〉

삼국지(三國志)〈 진수(陳壽) 〉

사기집해(史記集解)〈 배인(裴駰) 〉

염철론(鹽鐵論)〈 환관(桓寬) 〉

동북아고대사정립(東北亞古代史正立) 1 〈 김석주(金錫柱) 〉

第7章

졸본성(卒本城), 국내성(國內城), 환도성(丸都城) 시대
〈 BC 37 ～ AD 247년 〉

Part 1 한(漢)으로부터 25년 만에 독립한 고조선(古朝鮮)

1. 고조선(古朝鮮)의 독립

BC 108년, 한(漢)은 낙랑조선(樂浪朝鮮)을 멸망시켰다.

BC 107년, 예맥조선(濊貊朝鮮)마저 멸망시킨 한(漢)은 예맥(濊貊) 땅 중부 지역에 제 1 현도군(玄菟郡)을 설치했다.

하지만 복속을 거부한 예맥(濊貊) 일파(一派)들이 항거하면서 예맥(濊貊) 땅 동부 지역에는 동옥저(東沃沮)가 건국되었고, 남하한 예맥(濊貊) 일파(一派)들에 의해 임둔군(臨屯郡)과 진번군(眞番郡)이 폐군되면서 임둔군(臨屯郡) 영토에는 예국(濊國)이, 진번군(眞番郡) 영토에는 맥국(貊國)이 건국되었다.

예맥조선(濊貊朝鮮)의 유민들이 동옥저(東沃沮)·예국(濊國)·맥국(貊國)을 건국하면서 고조선(古朝鮮) 영토의 동부 지역을 한(漢)으로부터 독립시킨 것이다.

후한서(後漢書) 동이열전(東夷列傳) 예(濊) 편에 의하면 BC 82년, 임둔군(臨屯郡)과 진번군(眞番郡)이 폐군되었다.

만주 동부 지역과 한반도 북부 지역이 독립한 시기는 낙랑조선(樂浪朝鮮)이 멸망한 지 26년, 예맥조선(濊貊朝鮮)이 멸망한지 25년 만이다.

> **학설 80)**
>
> 만주 동부 지역과 한반도 북부 지역은 낙랑조선(樂浪朝鮮) 멸망 26년,
>
> 예맥조선(濊貊朝鮮) 멸망 25년 후, 전한(前漢)으로부터 독립했다.

BC 75년, 현(現) 요하(遼河) 중류 유역에 위치한 제1 현도군(玄菟郡)에 이맥(夷貊), 즉 예맥(濊貊) 일파(一派)가 침범하자 한(漢)은 제1 현도군(玄菟郡)을 파(罷)했다.

한(漢)은 예맥(濊貊) 땅 중부 지역을 포기하고 소요수(小遼水)·마자수(馬訾水)·염난수(鹽難水)가 흐르는 예맥(濊貊) 땅 서부 지역에 제2 현도군(玄菟郡)을 설치했다.

[고대 한국]이 한반도 북부 지역과 예맥(濊貊) 땅 동부 지역에 이어 예맥(濊貊) 땅 중부 지역까지 한(漢)으로부터 독립한 것이다.

2. 한(漢)의 반격

기록이 없어 시기는 알 수 없지만, 현(現) 요하(遼河) 하류 유역의 임둔(臨屯) 땅에서 건국된 예국(濊國)이 멸망했다.

한(漢)은 임둔(臨屯) 땅 서부 지역에 동이현(東暆縣)·부이현(不而縣)·잠태현(蠶台縣)·화려현(華麗縣)·사두매현(邪頭昧縣)·전막현(前莫縣)·부조현(夫租縣)을 설치했으며, 7개 현(縣)을 낙랑군(樂浪郡)에 편입시켰다.

[고대 한국]을 독립시키지 않겠다는 한(漢)의 의지도 강력했던 것이다.

낙랑군(樂浪郡)에 편입된 7개 현(縣)은 본래 임둔군(臨屯郡) 속현이었고, 그중 동이현(東暆縣)은 임둔군(臨屯郡) 치소였다.

낙랑(樂浪) 땅 동쪽 경계인 단단대령(單單大嶺) 동쪽에 위치했기에 영동(嶺東) 7현(縣)이라 칭했으며, 낙랑군(樂浪郡) 동부도위(東部都尉)가 통솔했다.

3. 예맥조선(濊貊朝鮮)의 독립이 반영된 한서지리지(漢書地理志)

BC 82년, 예맥조선(濊貊朝鮮) 멸망 후 25년 , 예맥조선(濊貊朝鮮) 유민들이 [고대 한국] 영토의 동부 지역을 한(漢)으로부터 독립시켰다.

BC 75년, 예맥조선(濊貊朝鮮) 유민들이 현(現) 요하(遼河) 중류 유역의 고옥저(古沃沮) 땅도 독립시켰다.

한(漢)으로부터 독립한 지 38년 후인 BC 37년, 현(現) 요하(遼河) 중류 유역에서 고구려(高句麗)가 건국되었다.

한(漢)의 반격으로 다시 한(漢)의 영토가 된 임둔(臨屯) 땅 서부 지역은 본래 예맥조선(濊貊朝鮮)의 영토가 아니다.

예맥조선(濊貊朝鮮) 유민들 입장에서는 예맥(濊貊) 땅 서부 지역을 한(漢)에 내주고 한반도 북부 지역을 한(漢)으로부터 빼앗은 것이다.

이 예맥조선(濊貊朝鮮) 유민들이 한국인의 직계 조상이다.

훗날 고구려(高句麗)가 예맥(濊貊) 땅 서부 지역마저 수복하지만 그곳은 인구밀도가 낮은 변방이 되어버렸고, 대신 한반도 북부 지역은 고구려(高句麗) 3경(三京) 중 하나가 위치할 만큼 인구밀도가 높은 지역이 되었다.

BC 75년부터 AD 14년까지 89년 동안 한(漢)과 예맥조선(濊貊朝鮮) 유민들 간 충돌이 없었으며, [고대 한국]은 고구려(高句麗)로 승계되었다.

AD 2년의 기록인 한서지리지(漢書地理志)는 고조선(古朝鮮)의 영토 중 현(現) 난하(灤河) 유역과 영동(嶺東) 7현(縣)만 한(漢)의 영토로 기록하고 있다.

사마천(司馬遷)의 사기(史記)를 통해 고조선(古朝鮮)의 영토를 이해한 후 한서지리지(漢書地理志)를 읽으면, 고조선(古朝鮮) 영토 중 현(現) 난하(灤河) 유역과 발해(渤海) 북안(北岸)만 한(漢)의 영토로 편입되어 있음을 알 수 있다.

한서지리지(漢書地理志)에 의하면, 낙랑군(樂浪郡)의 인구는 406,748명이고, 제2 현도군(玄菟郡)의 인구는 221,815명이다.

고조선(古朝鮮) 영토 중 일부만 한(漢)의 영토로 남았기 때문에 총 인구가 628,563명에 불과한 것이며, 이들의 후손은 대부분 중국인이 되었다.

한(漢)으로부터 독립한 지역에서 많은 소국(小國)들이 건국되었지만, [고대 한국]의 역사는 한서지리지(漢書地理志)에 기록되지 않았으며, 고구려(高句麗)가 이 소국(小國)들과 통일하는 과정은 삼국사기(三國史記)에 기록되어 있다.

4. 예맥조선(濊貊朝鮮)의 중심지인 현(現) 요하(遼河) 중류 유역

고구려(高句麗)는 제1 현도군(玄菟郡)이 위치했었던 현(現) 요하(遼河) 중류 유역에서 예맥조선(濊貊朝鮮) 유민들에 의해 건국된 국가들을 병합하며 성장했다.

BC 37년, 현(現) 요하(遼河) 서쪽 비류수(沸流水) 유역에 위치한 졸본(卒本)에서 고구려(高句麗)가 건국되었다.

삼국사기(三國史記) 고구려본기(高句麗本紀)에 의하면 고구려(高句麗)는 BC 36년, 비류국(沸流國)을 병합하였으며, BC 34년, 졸본성(卒本城)을 축성, BC 32년, 행인국(荇人國)을 병합, BC 28년, 북옥저(北沃沮)를 병합했다.

예맥조선(濊貊朝鮮)의 중심지인 현(現) 요하(遼河) 중류 유역을 고구려(高句麗)가 장악한 것이다.

고구려(高句麗)가 동옥저(東沃沮) 북부 지역인 북옥저(北沃沮)를 병합하면서, 고구려(高句麗)는 예맥(濊貊) 땅 동부 지역을 동옥저(東沃沮)와 나누어 차지했다.

고구려(高句麗)가 동옥저(東沃沮)를 남옥저(南沃沮)로 만들어버린 것이다.

삼국사기(三國史記) 고구려본기(高句麗本紀)에 의하면 BC 19년, 주몽이 죽자 고구려(高句麗)는 주몽(朱蒙)을 동명성왕(東明聖王)이라 칭했는데, 주몽(朱蒙)은 백제(百濟)·발해국(渤海國)·고려(高麗)의 시조가 되었다.

AD 3년, 고구려(高句麗)는 두 번째 수도인 국내(國內)로 천도했다.

북옥저(北沃沮) 편입 후, 첫 번째 수도인 졸본(卒本)은 당시 고구려(高句麗) 영토에서 너무 서쪽에 위치해 있었기 때문에 예맥(濊貊) 땅 동부 지역의 통일을 위해 국내(國內)로 천도한 것은 고구려(高句麗)의 합리적인 결정이었다.

고구려(高句麗)의 수도가 대부분 현(現) 요하(遼河) 중류 유역에 자리 잡은 것은 우연이 아니며, 이곳이 예맥조선(濊貊朝鮮)의 중심지였기 때문이다.

통전(通典) 변방문(邊防門) 동이편(東夷篇) 고구려조(高句麗條)에 의하면

馬紫水一名鴨綠水 經國內城南 又西與一水合 卽鹽難水也 二水合流
西南至安平城入海 高麗之中此水最大 波瀾清澈所經鎮濟 皆貯大船
其國恃此以爲天塹 水闊三百步
마자수(馬紫水) 일명(一名) 압록수(鴨綠水)는 국내성(國內城) 남쪽을 지나고 다시
서쪽으로 흐르다가 한 수(水)와 합쳐지는데 염난수(鹽難水)이다.
두 수(水)는 합쳐져서 서남쪽으로 흘러 안평성(安平城)을 지난 후, 입해(入海)한다.
고구려(高句麗)의 수(水) 중에서는 최대(最大)이고 파도가 일 정도로 넓고 맑은데
건너는 진(鎮)에는 모두 대선(大船)을 정박시켜 놓았고 고구려(高句麗)에서는 하늘이
만든 참으로 여겼으며 강폭은 300보(步)에 이르렀다.

학설 63) 에 의하면

환도성(丸都城) 동쪽에 인접해 있는 고구려압록수(高句麗鴨淥水)는 현(現)
요하(遼河)이다.

국내성(國內城)은 현(現) 요하(遼河) 중류 서북쪽에 인접해 있다.

고구려압록수(高句麗鴨淥水)는 당시 하류가 아닌 중류에서 이미 강폭이 300보(步)
에 이르는 고구려(高句麗)에서 가장 큰 하천이었다.

요하문명은 고구려압록수(高句麗鴨淥水) 중류 유역에서 시작되었으며, 요하문명권
의 중심지 또한 고구려압록수(高句麗鴨淥水) 중류 유역이었다.

더욱이, 예맥조선(濊貊朝鮮)의 수도 역시 이곳에 위치해 있었다.

이러한 이유로 예맥조선(濊貊朝鮮)을 멸망시킨 고중국(古中國)은 현(現) 요하(遼河) 중
류 유역에 제1 현도군(玄菟郡)을 설치했다.

학설 81)
예맥조선(濊貊朝鮮)의 중심지는 현(現) 요하(遼河) 중류 유역이다.

5. 한(漢)과 고구려(高句麗)의 충돌

삼국사기(三國史記) 고구려본기(高句麗本紀)에 의하면 AD 14년, 고구려(高句麗)는 2만의 군대를 서쪽으로 진군시켜 예맥(濊貊) 일파(一派)인 양맥(梁貊)을 병합했으며, 그 군대를 서쪽으로 계속 진군시켜 제2 현도군(玄菟郡) 치소 고구려현(高句麗縣)을 고구려(高句麗)의 영토로 편입시켰다.

한서지리지(漢書地理志) 현도군(玄菟郡) 편에 의하면

> 玄菟郡 武帝元封四年開 戶四萬五千六 口二十二萬一千八百四十五 縣三
> 高句驪 遼山遼水所出 西南至遼隊入大遼水 又有南蘇水西北經塞外 上殷台
> 西蓋馬 馬訾水西北入鹽難水 西南至西安平入海 過郡二 行二千一百里
> 현도군(玄菟郡), 무제(武帝) 원봉(元封) 4년에 시작되었다. 호(戶)는 45,006이고
> 구(口)는 221,845이다. 현(縣)은 3개이다. [고구려현(高句麗縣)] <요산(遼山)에서
> 요수(遼水)가 시작된다. 서남쪽으로 흘러 요대현(遼隊縣)에 이르러 대요수(大遼水)로
> 들어간다. 또한 남소수(南蘇水)가 있는데 서북쪽으로 새(塞) 밖을 지난다>,
> [상은태현(上殷台縣)], [서개마현(西蓋馬縣)] <마자수(馬訾水)가 서북쪽으로
> 흘러 염난수(鹽難水)와 합류하고 서남쪽으로 흘러 서안평현(西安平縣)에 이르러
> 입해(入海)한다. 2개의 군(郡)을 지나고 2,100리(里)를 흐른다> .

제2 현도군(玄菟郡) 치소 고구려현(高句麗縣)에 요산(遼山)이 위치한다.

요산(遼山)은 소요수(小遼水)의 발원지이며, 소요수(小遼水)가 서남쪽으로 흘러 요대현(遼隊縣)에 이르러 대요수(大遼水)에 합류하고 있다.

제2 현도군(玄菟郡) 치소 고구려현(高句麗縣)은 대요수(大遼水), 즉 현(現) 난하(灤河) 동쪽 유역에 위치하고 있다.

학설 82)

현(現) 난하(灤河) 유역에 위치한 제2 현도군(玄菟郡) ➡ 양맥(梁貊) ➡

비류수(沸流水)와 졸본성(卒本城) ➡ 현(現) 요하(遼河) 중류 유역이 서쪽에서 동쪽

방향으로 위치한다.

---

6. 예맥(濊貊) 땅 서부 지역에서 흐르는 마자수(馬訾水)

'한서지리지(漢書地理志)의 마자수(馬訾水)는 고구려압록수(髙句麗鴨淥水)와 동일한 하천'이라는 한중일학계(韓中日學界)의 통설(通說)이 옳다면 마자수(馬訾水)가 입해(入海)하는 서안평현(西安平縣)은 현(現) 요하(遼河) 하류 유역에 위치해야 한다.

그러나 한(漢) 요동군(遼東郡) 서북부 지역에 위치하여 동북쪽으로 부여국(夫餘國)과 접해 있던 서안평현(西安平縣)을 현(現) 요하(遼河) 하류 유역에 비정하는 것은 역사적 사실과 거리가 멀다.

필자는 중·고등학교 시절 '서안평현(西安平縣)은 현(現) 압록강(鴨綠江) 하류 유역에 위치한다'고 배웠다.

논리적으로 이해가 안되는 내용이 당시 국사 교과서에 넘쳐났으며, 현재도 다르지 않을 것이다.

한중일학계(韓中日學界)의 통설(通說)이 옳다면 제2 현도군(玄菟郡)에서 출발한 마자수(馬訾水)는 동쪽 방향으로 흘러 고구려(髙句麗)의 중심지를 관통해야 한다.

하지만 한서지리지(漢書地理志)의 마자수(馬訾水)는 서쪽 방향으로 흘렀다.

제2 현도군(玄菟郡)에서 서쪽으로 2,100리(里)를 흘러 서안평현(西安平縣)에서 입해(入海)한 마자수(馬訾水)는 제2 현도군(玄菟郡) 동쪽 고구려(髙句麗)의 중심지에서 흐르는 고구려압록수(髙句麗鴨淥水)와 동일한 하천이 될 수 없다.

요사(遼史) 본기(本紀)에 의하면 AD 915년, 요(遼) 태조(太祖)는 압록강(鴨淥江)에서 낚시를 했다.

요(遼) 태조(太祖)가 낚시를 한 압록강(鴨淥江)은 서안평현(西安平縣)에서 입해(入海)하는 마자수(馬訾水)와 동일한 하천이다.

따라서 압록강(鴨淥江)과 마자수(馬訾水)는 바다로 입해(入海)하는 하천이 아니다.

요(遼) 태조(太祖)가 낚시를 한 압록강(鴨淥江)과 고구려(高句麗) 압록수(鴨淥水)는 마지막 한자(漢字)가 각각 '江'과 '水'로 하천명이 다르다.

또한 고구려(高句麗) 압록수(鴨淥水)와 현(現) 압록강(鴨綠江)은 두 번째 한자(漢字)가 각각 '淥'과 '綠'으로 다르고 마지막 한자(漢字)도 각각 '水'와 '江'으로 다르기 때문에 명칭 그대로 별개의 하천이다.

통전(通典) 변방문(邊防門) 동이편(東夷篇) 고구려조(高句麗條)에 의하면

> 마자수(馬紫水)는 일명(一名) 압록수(鴨綠水)인데 국내성(國內城) 남쪽을 지나고 다시 서쪽으로 흐르다가 한 수(水)와 합쳐지는데 염난수(鹽難水)이다.
> 두 수(水)는 합쳐져서 서남쪽으로 흘러 안평성(安平城)을 지난 후, 입해(入海)한다.

통전(通典) 변방문(邊防門) 동이편(東夷篇) 고구려조(高句麗條)에 기록된 내용은 명백하게 현(現) 요하(遼河), 즉 고구려압록수(高句麗鴨淥水)에 관한 기록이다.

국내성(國內城)은 하천명이나 행정명과 달리 이동할 수 없다.

고구려(高句麗)를 멸망시킨 당(唐)은 하천명과 행정명을 동쪽으로 이동시키는 역사 왜곡 프로젝트를 진행했다.

1. 고구려(高句麗) 멸망 후, 당(唐)은 한서지리지(漢書地理志)의 마자수(馬訾水)를 압록강(鴨淥江)으로 개칭하고, 마자수(馬訾水)의 두 번째 한자(漢字)인 '訾'를 '紫'로 바꾸어 고구려압록수(高句麗鴨淥水)를 마자수(馬紫水)로 개칭했다.

또한 고구려압록수(高句麗鴨淥水)의 두 번째 한자(漢字)인 '淥'을 '綠'으로 바꾸어 처음에는 마자수(馬紫水)의 별칭으로 격하시키고, 장기적으로는 소멸시키려고 했다.

2. 당(唐)은 염난수(鹽難水)를 한자(漢字)의 변동없이 동쪽으로 이동시켜 현(現) 서요
하(西遼河)의 하천명으로 사용했다.

3. 서안평현(西安平縣)의 경우 한(漢) 요동군(遼東郡) 양평현(襄平縣) 서북쪽에 위치하
고 있음이 너무나도 명백했기 때문에 당(唐)은 서안평현(西安平縣)이 위치한 곳
을 현(現) 요하(遼河) 하류 유역으로 조작할 수 없었다.

그 대신, 현(現) 요하(遼河)가 입해(入海)하는 곳에 위치한 고구려(高句麗)의 성(城)
하나를 서안평(西安平)에서 서(西)를 뺀 안평성(安平城)으로 개칭했다.

고구려(高句麗)를 멸망시킨 당(唐)이 예맥(濊貊) 땅 서부 지역에서 사용되었던 하천
명과 행정명을 동쪽으로 이동시키는 역사 왜곡 프로젝트를 진행한 이유는 예맥(濊
貊) 땅 서부 지역에서 고구려(高句麗)의 흔적을 지우기 위함이다.

당(唐)이 국가적 차원에서 실행한 역사왜곡 프로젝트는 마자수(馬紫水)로 개칭된
고구려압록수(高句麗鴨渌水) 일대가 예맥(濊貊) 땅 서부 지역으로 인식되면서 성공했
으며, 이후 고구려압록수(高句麗鴨渌水)였던 현(現) 요하(遼河)는 압록강(鴨渌江)으로
인식되었다.

두우(杜佑)는 당(唐)의 역사 왜곡 프로젝트가 진행된 이후의 왜곡된 기록을 통전(通
典)에 수록하였으며, 본의는 아니지만 결과적으로 역사 왜곡에 일조(一助)하는 도구
로 쓰였다.

> 학설 83)
> 요(遼) 태조(太祖)가 낚시를 한 압록강(鴨渌江)은 예맥(濊貊) 땅 서부 지역에 위치한
> 서안평현(西安平縣)에서 흐르는 마자수(馬訾水)로 예맥(濊貊) 땅 중부 지역에서
> 흐르는 고구려압록수(高句麗鴨渌水)와 동일한 하천이 아니다.

7. 고조선(古朝鮮)의 정통성(正統性)을 승계한 고구려(高句麗)

AD 30년, 낙랑군(樂浪郡)에 편입되어 있던 영동(嶺東) 7현(縣)이 독립하면서, 단단대령(單單大嶺)이 다시 낙랑군(樂浪郡) 동쪽 경계가 되었다.

임둔(臨屯) 땅 서부 지역을 포기하는 등 발해(渤海) 북안(北岸)에서 한(漢)의 영향력이 약해지자, 낙랑조선(樂浪朝鮮)의 부활을 꿈꾸는 정치세력이 등장했다.

삼국사기(三國史記) 고구려본기(高句麗本紀)에 의하면 AD 32년, 고구려(高句麗) 왕자 호동(好童)은 옥저(沃沮) 땅에서 낙랑국(樂浪國)의 왕(王) 최리(崔理)를 만났고, 최리의 딸을 아내로 맞이했다.

고옥저(古沃沮) 땅에서 고구려(高句麗)가 건국된 이후의 옥저(沃沮)는 개마대산(蓋馬大山) 동쪽 동옥저(東沃沮) 또는 임둔(臨屯) 땅에 교치(僑置)된 옥저현(沃沮縣)이다.

AD 32년, 고구려(高句麗)는 최리(崔理)의 낙랑국(樂浪國)을 멸망시켰다.

동옥저(東沃沮)가 멸망하여 고구려(高句麗)의 영토로 편입되기 이전이기 때문에, 최리(崔理)의 낙랑국(樂浪國)이 한반도 대동강 유역에 위치했다는 북한 학계의 주장은 역사적 사실이 아니다.

고구려(高句麗)가 한반도에 영향력을 행사하기 시작한 시기는 동옥저(東沃沮)를 멸망시킨 이후이다.

동옥저(東沃沮) 남쪽 한반도 대동강 유역의 한인(韓人) 집단은 당시 맥국(貊國)이 통치하고 있었다.

낙랑조선(樂浪朝鮮)을 부활시키려는 낙랑국(樂浪國)과 예맥조선(濊貊朝鮮)이 고조선(古朝鮮)의 정통성을 승계했다고 여긴 고구려(高句麗) 간 이해관계의 충돌로 혼인동맹의 파국은 시간문제였다.

AD 37년, 고구려(高句麗)는 현(現) 난하(灤河) 하류 동쪽에 접해 있는 낙랑군(樂浪郡)마저 멸망시켰다.

고구려(高句麗)는 고중국(古中國)의 지배에 순응한 낙랑군(樂浪郡)을 멸망시키고 낙랑조선(樂浪朝鮮)의 수도였던 왕험성(王險城)을 고구려(高句麗)의 영토로 편입하여 고조선(古朝鮮)의 정통성을 승계했다.

고구려(高句麗)가 최리(崔理)의 낙랑국(樂浪國)과 낙랑군(樂浪郡)을 멸망시킴으로써 예맥조선(濊貊朝鮮) 유민들이 직접 낙랑조선(樂浪朝鮮)을 역사속으로 소멸시키는 역사적인 사건이 연출된 것이다.

훗날 고구려(高句麗)가 낙랑(樂浪) 땅에 고구려(高句麗)의 수도를 두었을 때 낙랑조선(樂浪朝鮮)의 수도였던 조선현(朝鮮縣)이 아니라 조선현(朝鮮縣)을 내려다 볼 수 있는 곳에 장수왕평양성(長壽王平壤城)을 축성했다.

게다가 장수왕평양성(長壽王平壤城)이 위치한 현(縣)의 행정명 또한 예맥조선(濊貊朝鮮)을 상징하는 구려현(句麗縣)이었다.

낙랑군(樂浪郡)이 고구려(高句麗)에 의해 소멸된 AD 37년 이후, 다시 등장한 낙랑군(樂浪郡)은 고중국(古中國)의 일개(一介) 행정명일 뿐, 낙랑(樂浪) 땅을 벗어났기 때문에 큰 의미가 없다.

낙랑군(樂浪郡)은 여러 곳을 떠돌다가 현(現) 하북성(河北省) 보정시(保定市)에 이르러 소멸했다.

[짝퉁 낙랑군]이 남긴 흔적들을 근거로 현(現) 북경시(北京市) 일대가 낙랑(樂浪) 땅이라고 주장하는 사람들이 있는데, 그 흔적들은 어떤 이유로 문헌에 남았을까?

고중국(古中國)이 문헌에 남긴 낙랑(樂浪)에 관한 기록들은 '낙랑조선(樂浪朝鮮)이 일개(一介) 군(郡)으로 격하되었고, 낙랑조선인(樂浪朝鮮人)들은 이동을 감내하면서까지 고중국(古中國)에 순응했다'는 역사적 사실을 통해 낙랑(樂浪) 땅에 대한 역사적 연고권을 확보하기 위함이다.

고중국(古中國)에 편입된 낙랑조선인(樂浪朝鮮人)들은 무엇을 꿈꾸었겠는가?

고중국(古中國)을 등에 업고 '언젠가는 다시 고조선(古朝鮮) 땅을 지배할 수 있다'는 망상(妄想)에 사로잡혀 있었을 것이다.

위만(衛滿)이 정변(政變)을 일으켜 낙랑(樂浪) 땅의 왕(王)이 되면서 낙랑조선(樂浪朝鮮)은 고조선(古朝鮮)의 정통성을 상실했다는 해석도 가능하다.

망명한 자신을 품어준 낙랑조선(樂浪朝鮮)에 대한 위만(衛滿)의 왕위 찬탈 과정이 비인간적이어서가 아니라 위만(衛滿)이 연맹국가(聯盟國家)인 고조선(古朝鮮)을 해체시켰기 때문이다.

낙랑조선(樂浪朝鮮)이 무력으로 임둔(臨屯)과 진번(眞番)을 복속시키면서 고조선(古朝鮮)의 연맹 체제는 허물어졌고, 고조선(古朝鮮)은 낙랑조선(樂浪朝鮮)과 예맥조선(濊貊朝鮮)으로 나누어졌다.

낙랑조선(樂浪朝鮮)을 멸망시킨 한(漢)은 예맥조선(濊貊朝鮮)마저 멸망시켰다.

하지만 예맥조선(濊貊朝鮮) 유민들이 항거하면서 고중국(古中國)은 개마대산(蓋馬大山) 동쪽 예맥(濊貊) 땅 동부 지역을 통치하지 못했다.

이후, 구려(句麗)가 예맥(濊貊) 땅 중부 지역을 장악하고 예맥(濊貊) 일파(一派)들을 병합하면서 예맥조선(濊貊朝鮮)의 부활을 알렸다.

리더국은 언제든지 바뀔 수 있다는 연맹국가(聯盟國家)의 특성을 감안하면 고조선(古朝鮮)의 정통성은 구려(句麗)로 승계되었다.

이러한 이유로 AD 32년, 고구려(高句麗)가 최리(崔理)의 낙랑국(樂浪國)을 멸망시키고 AD 37년, 낙랑군(樂浪郡)의 영토를 고구려(高句麗)의 영토로 편입시킨 사건은 역사적으로 큰 의미가 있다.

한(漢)은 낙랑조선(樂浪朝鮮)과 예맥조선(濊貊朝鮮)을 모두 멸망시켜 고조선(古朝鮮)을 소멸시키려 했지만, 예맥조선(濊貊朝鮮)의 부활로 실패했다.

8. 낙랑군(樂浪郡)의 멸망과 낙랑군(樂浪郡) 유민들의 이주

AD 37년, 낙랑군(樂浪郡)이 멸망하고, 낙랑(樂浪) 땅은 고구려(高句麗)의 영토로 편입되었다.

이때 낙랑군(樂浪郡) 사람들이 낙랑(樂浪) 땅을 포기하고 이주하면서 낙랑군(樂浪郡)이라는 행정명의 긴 여정은 시작되었다.

낙랑군(樂浪郡) 유민들이 처음부터 서쪽으로 이주했다면, '낙랑군(樂浪郡)은 요동군(遼東郡)보다 낙양(洛陽)에서 1,400리(里) 더 멀리 떨어져 있다'는 후한서군국지(後漢書郡國志)의 기록이 남지 않게 되면서, '낙랑군(樂浪郡)이 위치한 곳은 한반도 대동강 유역'이라는 역사 왜곡이 감행되기 어려웠을 것이다.

당시 낙랑군(樂浪郡) 유민들의 선택은 낙랑군(樂浪郡) 동쪽 경계인 단단대령(單單大嶺)을 넘는 임둔(臨屯) 땅으로의 이주였다.

낙랑군(樂浪郡) 유민들의 선택은 고중국(古中國)으로부터의 독립을 의미한다.

낙랑군(樂浪郡) 영토는 고구려(高句麗)가 장악했으므로 단단대령(單單大嶺) 동쪽으로 이주하면 고중국(古中國)의 영토와 단절되기 때문이다.

낙랑군(樂浪郡)이 멸망한 AD 37년을 기준으로 불과 7년 전인 AD 30년까지 임둔(臨屯) 땅 서부 지역은 낙랑동부도위(樂浪東部都尉)가 통솔한 지역이므로 낙랑군(樂浪郡) 유민들은 임둔(臨屯) 땅에서 평화로운 정착이 가능하리라 판단했을 것이다.

하지만 고중국(古中國) 입장에서 낙랑군(樂浪郡) 유민들은 자국민이기 때문에 정벌의 대상이 되었고, 결과적으로 임둔(臨屯) 땅이 고중국(古中國)의 영토로 편입되는 결과를 초래했다.

후한낙랑군(後漢樂浪郡)은 전한낙랑군(前漢樂浪郡)과 행정명(行政明)이 같을 뿐 위치가 다른 고중국(古中國)의 새로운 군현(郡縣)이다.

Part 2 임둔(臨屯) 땅의 후한낙랑군(後漢樂浪郡)

1. 두 번째 낙랑군(樂浪郡)인 후한낙랑군(後漢樂浪郡)의 위치

삼국사기(三國史記) 고구려본기(高句麗本紀)에 'AD 44년, 후한(後漢) 광무제(光武帝)가 해(海)를 건너 낙랑(樂浪)을 정벌했으며, 그 땅을 취해 군현(郡縣)을 설치하면서 살수(薩水) 이남이 한(漢)에 속했다'고 기록되어 있다.

후한(後漢) 광무제(光武帝)가 낙랑군(樂浪郡) 유민들이 새롭게 정착한 임둔(臨屯) 땅에 후한낙랑군(後漢樂浪郡)을 설치한 것이다.

결과적으로 낙랑군(樂浪郡) 유민들의 독립 시도는 실패했다.

고중국(古中國)이 자국으로부터 벗어나려는 낙랑군(樂浪郡) 유민들을 정벌하고 다시 낙랑군(樂浪郡)을 설치하기 위해 바다를 통해 군대를 보낼 것이라는 예측은 하기 힘들었을 것이다.

임둔(臨屯) 땅에 설치된 두 번째 낙랑군(樂浪郡)인 후한낙랑군(後漢樂浪郡)의 위치는 단단대령(單單大嶺) 동쪽 살수(薩水) 이남이다.

2. 고구려(高句麗)의 북평(北平)·어양(漁陽)·상곡(上谷)·태원(太原) 습격

삼국사기(三國史記) 고구려본기(高句麗本紀)에 'AD 47년 10월, 잠지락부(蠶支落部) 1만여 가(家)는 낙랑(樂浪)으로 가서 한(漢)에 투항했다'고 기록되어 있다.

잠지락부(蠶支落部)가 투항한 곳은 단단대령(單單大嶺) 동쪽 살수(薩水) 이남의 후한낙랑군(後漢樂浪郡)이다.

삼국사기(三國史記) 고구려본기(高句麗本紀)에 'AD 49년 봄, 고구려(高句麗)는 한(漢)의 북평(北平)·어양(漁陽)·상곡(上谷)·태원(太原)을 공격했으며, 그 결과 요동태수(遼東太守) 채동(蔡彤)이 은혜와 신의로 대하여 다시 화친했다'고 기록되어 있다.

잠지락부(蠶支落部) 사건이 발생한 지 1년 반 만의 일이다.

고구려(高句麗)의 북평(北平)·어양(漁陽)·상곡(上谷)·태원(太原) 습격 사건은 잠지락부(蠶支落部) 1만여 가(家)의 투항 사건과 연관이 있을 것이다.

동북아고대사정립 1의 학설 32 에 의하면

> 노룡새(盧龍塞)는 만리장성의 일부이다.
>
> AD 49년, 고구려(高句麗)가 노룡새(盧龍塞)를 관통하여 북평(北平), 어양(漁陽),
>
> 상곡(上谷), 태원(太原)을 습격했다.

고구려(高句麗)가 현(現) 하북성(河北省)을 북쪽에서 남쪽으로 관통하여 서쪽으로 진군했고, 태행산맥(太行山脈)을 넘어 현(現) 산서성(山西省)에 위치한 태원(太原)을 습격한 사건이다.

이 사건으로 후한(後漢)은 고구려(高句麗) 군대가 돌파한 노룡새(盧龍塞)의 통로를 폐쇄했는데, 훗날 조조(曹操)가 북벌(北伐)을 감행하면서 다시 개통되었다.

조조(曹操)가 북벌(北伐)을 감행한 곳은 현(現) 난하(灤河) 서쪽 하북성(河北省) 북부 지역이다.

3. 고구려(高句麗)의 진요동(秦遼東) 수복과 요서(遼西) 10성(城)

삼국사기(三國史記) 고구려본기(高句麗本紀)에 '태조대왕(太祖大王) 3년인 AD 55년, 고구려(高句麗)가 요서(遼西)에 10개의 성(城)을 쌓아 후한(後漢)의 침입에 대비했다'고 기록되어 있다.

AD 37년, 고구려(高句麗)는 현(現) 난하(灤河) 동쪽에 접해 있던 낙랑군(樂浪郡)을 멸망시켰고, 낙랑(樂浪) 땅을 고구려(高句麗) 영토로 편입했다.

고조선(古朝鮮) 영토고표(領土考表) 완성본(完成本)에 의하면 낙랑(樂浪) 땅 남부 지역에서 서쪽 경계인 현(現) 난하(灤河)를 건너면 진요동(秦遼東) 남부 지역인 한(漢) 요서군(遼西郡) 임유현(臨渝縣) 일대이다.

AD 37년, 낙랑군(樂浪郡)을 멸망시킨 고구려(高句麗)가 AD 55년 이전에 현(現) 난하(灤河)를 건너 만리장성동단(萬里長城東端)이 위치한 한(漢) 요서군(遼西郡) 임유현(臨渝縣) 일대를 장악했음을 알 수 있다.

10개의 성(城)을 축성했다는 것은 영토 편입이다.

이곳은 고조선(古朝鮮)의 영토였던 진요동(秦遼東)으로 고조선(古朝鮮)의 승계국인 고구려(高句麗)의 입장에서는 고토(古土)를 수복한 것이다.

4. 후한낙랑군(後漢樂浪郡)의 이주

삼국사기(三國史記) 고구려본기(高句麗本紀)에 의하면

> 태조대왕(太祖大王) 4년<AD 56년>
> 伐東沃沮 取其土地爲城邑 拓境東至滄海 南至薩水
> 동옥저(東沃沮)를 정벌하여 그 땅을 취해 성읍(城邑)을 설치했다.
> 동으로 창해(滄海)에 이르고 남으로 살수(薩水)에 이르렀다.

'AD 56년, 고구려(高句麗)가 동옥저(東沃沮)를 정벌했으며, 그 땅을 취해 성읍(城邑)을 설치했다'고 기록되어 있다.

그 결과, '고구려(高句麗)의 영토는 동쪽으로 창해(滄海)에 이르고 남쪽으로 살수(薩水)에 이르렀다'고 기록되어 있다.

고구려(高句麗)가 동옥저(東沃沮)를 영토로 편입하면서 한반도 동해에 이르렀으며, 살수(薩水)를 국경으로 후한낙랑군(後漢樂浪郡)과 접하게 된 것이다.

인구수 257,050명의 고립된 1개 군(郡)에 불과한 후한낙랑군(後漢樂浪郡)이 제1 전성기를 구가하던 고구려(高句麗)의 공격을 막아낼 수는 없다.

후한낙랑군(後漢樂浪郡)은 후한(後漢) 정부에 대책 마련을 요청했겠지만, 고구려(高句麗)는 불과 1년 전에 만리장성동단(萬里長城東端) 임유현(臨渝縣) 일대에 10개의 성(城)을 축성할 정도로 기세가 강력했다.

일촉즉발의 상태에서 후한(後漢) 또는 후한낙랑군(後漢樂浪郡)과 고구려(高句麗) 간 충돌 기록이 없다.

삼국사기(三國史記) 신라본기(新羅本紀)에 'AD 37년, 고구려(高句麗)가 낙랑(樂浪)을 멸망시키자 그 국(國) 사람 5,000명이 투항해 왔다'고 기록되어 있다.

국(國)이란 기록 때문에 전한낙랑군(前漢樂浪郡)이 아니라고 생각할 수도 있지만, 한(漢)은 군국제(郡國制)를 시행했고, 군(郡)과 국(國)은 서로 전환이 가능했다.

국(國)은 황제가 직접 통치하지 않지만, 군(郡)은 황제가 태수(太守)를 통해 직접 통치하는 곳이기 때문에 신라(新羅) 입장에서는 멸망한 전한낙랑군(前漢樂浪郡)을 군(郡)으로 기록하기 껄끄러워 국(國)으로 기록할 수 있다.

전한낙랑군(樂浪郡)보다 한반도에 더 가까운 후한낙랑군(後漢樂浪郡)이 이번에는 백제(百濟) 또는 신라(新羅)와 접촉한 기록이 없다.

강력해진 고구려(高句麗)와 남북으로 접하게 된 후한낙랑군(後漢樂浪郡)은 고구려(高句麗)의 공격을 피하기 위해 더 안전한 지역으로 이주할 수밖에 없었다.

5. 서안평현(西安平縣) 영토 내에 위치한 제2 후한낙랑군(後漢樂浪郡)

삼국사기(三國史記) 고구려본기(高句麗本紀)에 '고구려(高句麗)는 AD 68년, 갈사국(葛思國)을 병합, AD 72년, 조나(藻那)를 정벌, AD 74년, 주나(朱那)를 정벌했다'고 기록되어 있다.

후한낙랑군(後漢樂浪郡)은 안전한 지역으로 이주했고, 고구려(高句麗)는 주변국 병합에 집중했음을 알 수 있다.

그렇다면 후한낙랑군(後漢樂浪郡)이 이주한 곳은 어디일까?

삼국사기(三國史記) 고구려본기(高句麗本紀)에 'AD 118년, 고구려(高句麗)는 현도군(玄菟郡)과 낙랑군(樂浪郡)의 화려성(華麗城)을 공격했'고 기록되어 있다.

후한낙랑군(後漢樂浪郡)이 62년 만에 정사서(正史書)에 다시 모습을 드러냈는데, 후한낙랑군(後漢樂浪郡)은 예맥(濊貊) 땅 서부 지역에 위치한 제2 현도군(玄菟郡)에 인접해 있었다.

단단대령(單單大嶺) 동쪽 임둔(臨屯) 땅에 위치했기에 영동(嶺東) 7현(縣)이라 칭했던 7개 현(縣)은 동이현(東暆縣) · 부이현(不而縣) · 잠태현(蠶台縣) · 화려현(華麗縣) · 사두매현(邪頭昧縣) · 전막현(前莫縣) · 부조현(夫租縣)이다.

임둔(臨屯) 땅 화려현(華麗縣) 사람들도 후한낙랑군(後漢樂浪郡) 유민들과 함께 예맥(濊貊) 땅 서부 지역으로 이주하여 그곳에 화려성(華麗城)을 축성한 것이다.

삼국사기(三國史記) 고구려본기(高句麗本紀)에 의하면 'AD 146년, 고구려(高句麗)는 요동군(遼東郡) 서안평현(西安平縣)을 공격하여 대방령(帶方令)을 죽이고, 낙랑태수(樂浪太守)의 처자(妻子)를 사로잡았'고 기록되어 있다.

이 기록에서 대방(帶方)은 후한낙랑군(後漢樂浪郡) 속현 대방현(帶方縣)이다.

예맥(濊貊) 땅 서부 지역에 위치한 서안평현(西安平縣) 영토 내에 후한낙랑군(後漢樂浪郡)이 위치했음을 알 수 있다.

> **학설 84)**
> 살수(薩水)를 국경으로 고구려(高句麗)와 접하게 된 후한낙랑군(後漢樂浪郡)은
> 요동군(遼東郡) 서안평현(西安平縣)의 영토 내로 이주했다.

이하, 한(漢) 요동군(遼東郡) 서안평현(西安平縣) 영토 내에 설치된 후한낙랑군(後漢樂浪郡)을 제2 후한낙랑군(後漢樂浪郡)이라 칭한다.

6. 공손도(公孫度)의 군벌정권(軍閥政權)에 편입된 제2 후한낙랑군(後漢樂浪郡)

후한(後漢)의 마지막 황제인 헌제(獻帝)는 AD 181년에 태어났고 재위기간은 AD 189 ~ 220년이다.

AD 189년, 요동태수(遼東太守)로 부임한 공손도(公孫度)는 요동군(遼東郡)의 호족(豪族)들을 대거 숙청하고 군벌정권(軍閥政權)을 수립했다.

공손도(公孫度)의 군벌정권(軍閥政權)이 완충지대(緩衝地帶)가 되어 후한(後漢)과 고구려(高句麗) 간 치열했던 전쟁은 막을 내렸다.

AD 207년, 조조(曹操)가 후한(後漢)의 마지막 승상(丞相) 자리에 올랐는데, 헌제(獻帝)는 여전히 허수아비였고 실권자는 조조(曹操)였다.

조조(曹操)는 양무(凉茂)를 낙랑태수(樂浪太守)로 임명했다.

삼국지(三國志) 위서(魏書) 양무열전(凉茂列傳)에 '양무(凉茂)는 낙랑태수(樂浪太守)로 임명되었지만, 요동(遼東)의 공손도(公孫度)가 양무(凉茂)를 멋대로 억류하고 부임하지 못하게 했다'고 기록되어 있다.

양무(凉茂)가 부임할 낙랑군(樂浪郡)은 요동군(遼東郡) 서안평현(西安平縣) 영토 내에 설치된 제2 후한낙랑군(後漢樂浪郡)이다.

요동군(遼東郡) 양평현(襄平縣)이 본거지인 공손도(公孫度)의 군벌정권(軍閥政權)은 양무(凉茂)가 제2 후한낙랑군(後漢樂浪郡)의 태수(太守)로 부임하게 되면 조조(曹操)의 견제를 받게 된다.

양무(凉茂)는 고중국(古中國) 중원(中原)에 위치한 위군(魏郡)의 태수(太守)로 임명되어 부임지(赴任地)가 바뀐 후에야 공손도(公孫度)의 억류에서 풀려났다.

조조(曹操)가 낙랑태수(樂浪太守) 임명을 포기했으며, 제2 후한낙랑군(後漢樂浪郡)은 공손도(公孫度)의 군벌정권(軍閥政權)에 편입되었다.

7. 후한말(後漢末), 고중국(古中國)의 내지에서 벗어난 진요동(秦遼東)

고구려(高句麗)의 제1 전성기는 태조대왕(太祖大王)의 재위기간〈AD 53 ~ 146년〉이다.

고구려(高句麗) 태조대왕(太祖大王) 시기, 고구려(高句麗)가 진요동(秦遼東) 남부 지역을 영토로 편입하여 낙랑서해(樂浪西海)의 제해권(制海權)을 장악함으로써 현(現) 난하(灤河) 일대에 위치한 고중국(古中國) 군현(郡縣)들은 고립되었다.

이 고립은 현(現) 난하(灤河) 유역이 고중국(古中國)의 내지에서 벗어나게 만드는 단초(端初)를 제공했다.

더욱이 현(現) 난하(灤河) 유역은 원래 [고대 한국]의 영토였기에 고중국(古中國)의 내지로 유지되기 어려웠다.

후한(後漢) 말기(末期), 공손도(公孫度)의 군벌정권(軍閥政權)이 탄생하면서 결국 진요동(秦遼東)은 고중국(古中國)의 내지에서 벗어났다.

진요동(秦遼東) 남부 지역은 명(明) 시기에 다시 고중국(古中國)의 내지로 편입되었지만, 진요동(秦遼東) 북부 지역은 끝내 고중국(古中國)의 내지로 편입되지 못했다.

학설 85)

후한(後漢) 말기(末期), 진요동(秦遼東)은 고중국(古中國)의 내지에서 벗어났다.

진요동(秦遼東) 남부 지역은 명(明) 시기에 다시 고중국(古中國)의 내지로 편입되었지만, 진요동(秦遼東) 북부 지역은 끝내 고중국(古中國)의 내지로 편입되지 못했다.

원(元)과 청(淸)은 필자가 사용하는 용어인 고중국(古中國)에 포함되지 않는다.

고중국(古中國)은 고조선(古朝鮮)과 서로 짝을 이루어 대립한 한(漢)처럼 황하문명(黃河文明)을 대표하는 중국 고유의 왕조(王朝)를 지칭하기 때문이다.

8. 공손도(公孫度)의 고구려(高句麗) 정벌

삼국지(三國志) 위서(魏書) 공손도전(公孫度傳)에 의하면 공손도(公孫度)는 고구려(高句麗)를 침략했다.

그 결과, 진요동(秦遼東) 남부 지역은 공손도(公孫度)의 영토로 편입되었다.

삼국지(三國志) 동이전(東夷傳) 고구려조(高句麗條)에 의하면

> 建安中 公孫康出軍擊之 破其國 焚燒邑落 拔奇怨爲兄而不得立
>
> 與涓奴加各將下戶三萬餘口詣康降 還住沸流水
>
> 건안(建安) 연간(年間)<AD 196 ~ 220년>, 공손강(公孫康)이 출군(出軍)하여
>
> 고구려(高句麗)를 공격하여 격파했고 읍락(邑落)을 불태웠다.
>
> 발기(拔奇)는 형이면서도 즉위하지 못한 것을 원망하여 연노부(涓奴部) 가(加)와
>
> 함께 각각 하호(下戶) 3만여 명을 거느리고 공손강(公孫康)에게 가서 항복하고
>
> 비류수(沸流水)로 돌아가 거주했다.

삼국사기(三國史記) 고구려본기(高句麗本紀)에 의하면 발기(拔奇)가 반역을 한 시기는 AD 197년으로 공손도(公孫度)의 치하(治下)이다.

삼국지(三國志) 위서(魏書) 공손도전(公孫度傳)에 의하면 고구려(高句麗)를 침략한 사람은 공손강(公孫康)이 아니라 그의 아버지 공손도(公孫度)이며, 공손강(公孫康)은 신하의 자격으로 고구려(高句麗)를 침략했다.

공손강(公孫康)이 출군하여 고구려(高句麗)의 읍락(邑落)을 불태운 곳은 진요동(秦遼東) 남부 지역이다.

> 학설 86)
>
> 공손도(公孫度)가 고구려(高句麗)를 침략하여 진요동(秦遼東) 남부 지역을 영토로 편입했으며, 낙랑서해(樂浪西海)의 제해권(制海權)을 장악했다.

9. 요동왕(遼東王)으로 지낸 공손도(公孫度)

삼국지(三國志) 위서(魏書) 공손도전(公孫度傳)에 의하면

分遼東郡爲遼西中遼郡 置太守 越海收東萊諸縣 置營州刺史 自立爲遼東侯

平州牧 追封父延爲建義侯

요동군(遼東郡)을 나누어 요서중료군(遼西中遼郡)을 설치하고 태수(太守)를

두었으며, 해(海)를 건너 동래(東萊)의 여러 현(縣)들을 거두고 영주자사(營州刺史)를

두었다. 스스로 요동후(遼東侯) 평주목(平州牧)에 오르고, 부친인 공손연(公孫延)을

건의후(建義侯)에 추봉(追封)했다.

太祖表度爲武威將軍 封永寧鄕侯 度曰 我王遼東 何永寧也 藏印綬武庫 度死

子康嗣位 以永寧鄕侯封弟恭 是歲建安九年也

태조(太祖)가 표(表)를 올려 공손도(公孫度)를 무위장군(武威將軍)으로 삼고,

영녕향후(永寧鄕侯)에 봉하니 공손도(公孫度)가 말했다.

"내가 요동(遼東)에서 왕(王)으로 지내는데 무슨 영녕향후(永寧鄕侯)인가!"

그리고는 인수(印綬)를 무기고에 넣어두었다.

공손도(公孫度)가 죽자 아들인 공손강(公孫康)이 지위를 이었고, 영녕향후(永寧鄕侯)

작위는 동생인 공손공(公孫恭)에게 봉했으며, 이 해가 건안(建安) 9년이다.

공손도(公孫度)〈AD 150 ~ 204년〉의 군벌정권(軍閥政權)은 진요동(秦遼東) 남부 지역을 영토로 편입했고, 낙랑서해(樂浪西海)의 제해권(制海權)을 장악했으며, 현(現) 난하(灤河) 유역을 지배했다.

또한 발해(渤海)를 건너 산동반도(山東半島) 북부 지역을 영토로 편입하여 영주자사(營州刺史)를 두었다.

이하, 공손씨(公孫氏)의 영주(營州)라 칭한다.

공손도(公孫度)는 태수(太守)를 임명하는 등 왕(王)과 같은 행위를 했고, 자신을 독립적인 요동왕(遼東王)으로 여겼다.

10. 발기(拔奇)의 반역과 선비족(鮮卑族)의 배반

삼국지(三國志) 동이전(東夷傳) 고구려조(高句麗條)에 '발기(拔奇)는 연노부(涓奴部)의 가(加)와 함께 각각 하호(下戶) 3만을 거느리고 공손씨(公孫氏) 군벌정권(軍閥政權)에 항복했다'고 기록되어 있는데, 여기까지는 발기(拔奇)의 망명이다.

이어서 비류수(沸流水)로 돌아가 거주했다는 기록은 무엇을 의미할까?

삼국사기(三國史記) 고구려본기(高句麗本紀)에 'AD 197년, 발기(拔奇)가 공손도(公孫度)에게 3만의 군사를 빌려 고구려(高句麗)를 공격했다'고 기록되어 있다.

발기(拔奇)는 고구려(高句麗)에 반역하여 왕(王) 자리를 빼앗으려 한 것이며, 이 과정에서 고구려(高句麗)는 비류수(沸流水) 일대까지 영토를 상실했다.

학설 82) 에 의하면

> 현(現) 난하(灤河) 유역에 위치한 제2 현도군(玄菟郡) ➡ 양맥(梁貊) ➡ 비류수(沸流水)와 졸본성(卒本城) ➡ 현(現) 요하(遼河) 중류 유역이 서쪽에서 동쪽 방향으로 위치한다.

학설 86) 에 의하면

> 공손도(公孫度)가 고구려(高句麗)를 침략하여 진요동(秦遼東) 남부 지역을 영토로 편입했으며, 낙랑서해(樂浪西海)의 제해권(制海權)을 장악했다.

발기(拔奇)가 공손도(公孫度)에게 3만의 군사를 빌려 양맥(梁貊)을 지나 비류수(沸流水) 일대까지 장악했다면, 고구려(高句麗)는 중심지인 현(現) 요하(遼河) 중류 유역을 방어하는 데 전력을 쏟아야 한다.

이러한 상황에서 공손도(公孫度)는 아들인 공손강(公孫康)에게 진요동(秦遼東) 남부 지역을 장악하라고 명령했으며, 그 작전이 성공하여 공손도(公孫度)의 군벌정권(軍閥政權)은 진요동(秦遼東) 남부 지역을 영토로 편입할 수 있었다.

삼국지(三國志) 동이전(東夷傳) 고구려조(高句麗條)에 의하면

降胡亦叛伊夷模 伊夷模更作新國 今日所在是也 拔奇遂往遼東 有子留句麗國
今古雛加駁位居是也 其後復擊玄菟 玄菟與遼東合擊 大破之

복속해 있던 호(胡) 또한 이이모(伊夷模)를 배반하자 이이모(伊夷模)는 다시
신국(新國)을 세웠으니, 지금 있는 곳이 바로 그곳이다.
발기(拔奇)는 마침내 요동(遼東)으로 가고 그의 아들은 고구려(高句麗)에 머물렀으니,
지금의 고추가(古雛加) 박위거(駁位居)가 바로 그 사람이다. 그 뒤 다시 현도(玄菟)를
공격하자 현도(玄菟)가 요동(遼東)과 힘을 합쳐 공격해 대파(大破)했다.

발기(拔奇)의 반역으로 고구려(高句麗)는 분열되었으며, 발기(拔奇)가 비류수(沸流水)
일대까지 장악하자 고구려(高句麗)에 복속되어 있던 호(胡), 즉 선비족(鮮卑族)이 이이
모(伊夷模)를 배반하여 복속에서 벗어났다.

이이모(伊夷模)는 고구려(高句麗)의 10대 산상왕(山上王)이다.

'발기(拔奇)의 아들은 고구려(高句麗)에 머물러 고추가(古雛加)가 되었다'고 기록되어
있으니 발기(拔奇)의 반역에 가담하지 않았음을 알 수 있다.

발기(拔奇)의 반역은 실패했지만, 그 여파로 고구려(高句麗)는 국내성(國內城) 시대
를 마감했다.

이이모(伊夷模), 즉 산상왕(山上王)이 신국(新國)을 세웠다며 지금 있는 곳이 바로 그
곳이라고 기록되어 있다.

신국(新國)은 고구려(高句麗)의 세 번째 수도인 환도성(丸都城)을 지칭하고 있다.

학설 87)

삼국지(三國志) 동이전(東夷傳) 고구려조(高句麗條)에 기록된 신국(新國)은
고구려(高句麗)의 세 번째 수도인 환도성(丸都城)을 지칭한다.

Part 3 당산시(唐山市)에 설치된 대방군(帶方郡)

1. 제1 전성기가 마감되고 환도성(丸都城) 시대가 시작된 고구려(高句麗)

삼국사기(三國史記) 고구려본기(高句麗本紀)에 '발기(拔奇)는 배천(裴川)에서 자살했다'고 기록되어 있다.

한편, 삼국지(三國志) 동이전(東夷傳) 고구려조(高句麗條)에는 '발기(拔奇)는 요동(遼東)으로 돌아갔다'고 기록되어 있다.

또한 '고구려(高句麗)가 현도군(玄菟郡)을 공격했으며, 현도군(玄菟郡)은 요동군(遼東郡)과 힘을 합쳐 고구려(高句麗)를 대파(大破)했다'고 기록되어 있다.

'고구려(高句麗)가 현도군(玄菟郡)을 공격했다'는 기록을 감안하면 고구려(高句麗)는 잠시 상실했던 비류수(沸流水)와 양맥(梁貊) 일대를 수복했다.

종합해보면 발기(拔奇)의 반역으로 고구려(高句麗)는 진요동(秦遼東) 남부 지역을 상실했으며, 복속되어 있던 선비족(鮮卑族)이 이탈하면서 고구려(高句麗)의 제1 전성기는 막을 내렸다.

고구려(高句麗)의 환도성(丸都城) 시대가 열리자 고구려(高句麗) 사람들은 세 번째 수도인 환도성(丸都城)을 신국(新國)이라 칭했다.

2. 요(遼)의 영토로 편입된 졸본성(卒本城)·국내성(國內城)·환도성(丸都城)

요사지리지(遼史地理志) 동경요양부(東京遼陽府) 녹주(淥州) 편에 의하면

> 淥州鴨淥軍節度 本高麗故國 渤海號西京鴨淥府 城高三丈 廣輪 二十里 都督
> 神桓豐正四州事
> 녹주압록군절도(淥州鴨淥軍節度)는 본래 고구려(高句麗)의 고국(故國)이며,
> 발해국(渤海國)은 서경압록부(西京鴨淥府)라고 불렀다.
> 성(城)의 높이는 3장(丈)이고, 성(城) 둘레의 길이는 20리(里)이다.
> 신주(神州)·환주(桓州)·풍주(豐州)·정주(正州)인 4주(州)의 일을 관할했다.

요(遼) 녹주압록군절도(淥州鴨淥軍節度)가 고구려(高句麗)의 고국(故國)으로 기록되어 있다.

삼국지(三國志) 동이전(東夷傳) 고구려조(高句麗條)에 '고구려(高句麗)의 왕(王)인 이이모(伊夷模)가 신국(新國)을 세웠다'고 기록되어 있다.

AD 209년, 국내성(國內城)에서 고구려(高句麗)의 세 번째 수도인 환도성(丸都城)으로 천도를 감행한 이이모(伊夷模)는 산상왕(山上王)의 별칭이다.

고구려(高句麗)의 새로운 수도인 환도성(丸都城)을 신국(新國)이라 칭했으니 환도성(丸都城) 이전의 수도인 국내성(國內城)은 무엇이라 칭했을까?

신국(新國)에 대응하여 서로 짝이 되는 고국(故國)이며, 요사지리지(遼史地理志) 동경요양부(東京遼陽府) 녹주(淥州) 편에 기록된 고국(故國)은 고구려(高句麗)의 두 번째 수도인 국내성(國內城)을 지칭하고 있다.

학설 88)

요사지리지(遼史地理志) 동경요양부(東京遼陽府) 녹주(淥州) 편에 기록된
고국(故國)은 고구려(高句麗)의 두 번째 수도인 국내성(國內城)을 지칭한다.

요사지리지(遼史地理志)의 녹주압록군절도(淥州鴨淥軍節度)는 녹주성(淥州城)을 지칭하고 있다.

녹주성(淥州城)은 요(遼) 동경요양부(東京遼陽府) 녹주(淥州)의 치소이다.

국내성(國內城)은 녹주성(淥州城)으로 승계된 것이다.

학설 89)

고구려(高句麗)의 두 번째 수도인 국내성(國內城)은 요(遼) 동경요양부(東京遼陽府)
녹주(淥州) 치소 녹주성(淥州城)으로 승계되었다.

요사지리지(遼史地理志) 동경요양부(東京遼陽府) 녹주(渌州) 편에 의하면

桓州 高麗中都城 高麗王 於此 剏立 宮闕 國人謂之新國 五世孫釗 晉康帝建元初

為慕容皝所敗 宮室焚蕩 隷渌州 在西南二百里

환주(桓州), 고구려(高句麗) 중도성(中都城)이다. 고구려(高句麗) 왕(王)은 여기에

궁궐(宮殿)을 처음 세웠는데, 국인(國人)이 신국(新國)이라고 불렀다.

5세손(五世孫) 쇠(釗)는 진(晉) 강제(康帝) 건원(建元) 초에 모용황(慕容皝)에게 패하고,

궁실이 불타버렸다. 녹주(渌州)에 속하고 서남쪽으로 200리(里) 떨어져 있다.

요(遼) 환주성(桓州城)이 고구려(高句麗) 중도성(中都城)으로 소개되고 있다.

중도성(中都城)은 고구려(高句麗)의 중간 도성(都城), 즉 국내성(國內城)과 평양성(平壤城)의 징검다리 역할을 했던 고구려(高句麗)의 세 번째 수도인 환도성(丸都城)을 지칭하고 있다.

'5세손(五世孫) 쇠(釗)가 진(晉) 강제(康帝) 건원(建元) 초에 모용황(慕容皝)에게 패하고 궁실이 불타버렸다'는 기록도 고구려(高句麗) 고국원왕(故國原王)의 환도성(丸都城)에 관한 내용이다.

고구려(高句麗) 환도성(丸都城)이 요(遼) 동경요양부(東京遼陽府) 녹주(渌州) 관할의 환주성(桓州城)으로 승계된 것이다.

학설 90)

고구려(高句麗)의 세 번째 수도인 환도성(丸都城)은 요(遼) 동경요양부(東京遼陽府)

녹주(渌州)의 환주성(桓州城)으로 승계되었다.

'환주성(桓州城)이 녹주(渌州)에 속하고 서남쪽으로 200리(里) 떨어져 있다'고 기록되어 있다.

녹주(渌州)의 거리 기준점은 당연히 녹주(渌州) 치소 녹주성(渌州城)이며, 녹주성(渌

州城)은 고구려(高句麗)의 두 번째 수도인 국내성(國內城)이다.

고구려(高句麗)의 세 번째 수도인 환도성(丸都城)은 고구려(高句麗)의 두 번째 수도인 국내성(國內城) 서남쪽 200리(里) 지점에 위치하고 있다.

학설 91)

고구려(高句麗)의 세 번째 수도인 환도성(丸都城)은 고구려(高句麗)의 두 번째 수도인 국내성(國內城) 서남쪽 200리(里) 지점에 위치한다.

요사지리지(遼史地理志) 동경요양부(東京遼陽府) 녹주(淥州) 편에 의하면

> 正州 本沸流王故地國 爲公孫康所倂 有沸流水 隸淥州 在西北三百八十里
>
> 정주(正州), 본래 비류왕(沸流王)의 옛 지역으로 공손강(公孫康)에게 병합되었다. 비류수(沸流水)가 있다. 녹주(淥州)에 속하고 서북쪽으로 380리(里) 떨어져 있다.

AD 197년, 발기(拔奇)는 공손도(公孫度)에게 항복한 후 3만의 군사를 빌려 고구려(高句麗)를 공격했다.

발기(拔奇)의 침략군은 비류수(沸流水) 일대까지 점령했고, 한동안 비류수(沸流水) 일대는 침략군의 지배를 받았는데, 이를 과장하여 '공손강(公孫康)에게 병합되었다'고 기록한 것이다.

고구려(高句麗)의 반격으로 비류수(沸流水) 일대는 곧 수복되었다.

비류수(沸流水)는 고구려(高句麗) 첫 번째 수도인 졸본성(卒本城)이 위치한 곳이다.

'비류수(沸流水) 일대가 녹주(淥州)에 속하고 서북쪽으로 380리(里) 떨어져 있다'고 기록되어 있다.

녹주(淥州)의 거리 기준점은 녹주(淥州) 치소 녹주성(淥州城)이며, 녹주성(淥州城)은 고구려(高句麗)의 두 번째 수도인 국내성(國內城)이다.

고구려(高句麗)의 첫 번째 수도인 졸본성(卒本城)은 고구려(高句麗)의 두 번째 수도인 국내성(國內城) 서북쪽 380리(里) 전후 지점에 위치하고 있음을 알 수 있다.

학설 92)

고구려(高句麗)의 첫 번째 수도인 졸본성(卒本城)은 고구려(高句麗)의 두 번째
수도인 국내성(國內城) 서북쪽 380리(里) 전후 지점에 위치한다.

통전(通典) 변방문(邊防門) 동이편(東夷篇) 고구려조(高句麗條)에 의하면 고구려압록수(高句麗鴨淥水)는 국내성(國內城) 남쪽을 서쪽으로 흘렀다.

따라서 국내성(國內城)은 현(現) 요하(遼河) 서북쪽에 위치한다.

국내성(國內城)을 기준으로 서북쪽 380리(里) 지점에 고구려의 첫 번째 수도인 졸본성(卒本城)이 위치한다.

국내성(國內城)을 기준으로 서남쪽 200리(里) 지점에 고구려(高句麗)의 세 번째 수도인 환도성(丸都城)이 위치한다.

결국, 고구려(高句麗)의 수도였던 졸본성(卒本城)·국내성(國內城)·환도성(丸都城)은 모두 발해국(渤海國)을 거쳐 요(遼) 동경요양부(東京遼陽府) 녹주(淥州)의 영토에 속했고 현(現) 요하(遼河) 서쪽에 위치한다.

그리고 요(遼) 녹주(淥州) 동쪽에 고려(高麗)가 발해국(渤海國)의 영토였던 곳을 개척한 강동6주(江東六州)가 위치한다.

학설 93)

고구려(高句麗)의 수도였던 졸본성(卒本城)·국내성(國內城)·환도성(丸都城)은
모두 요(遼) 녹주(淥州)의 영토에 속했고, 현(現) 요하(遼河) 서쪽에 위치한다.
요(遼) 녹주(淥州) 동쪽에 고려(高麗)가 발해국(渤海國)의 영토였던 곳을 개척한
강동6주(江東六州)가 위치한다.

3. 공손도(公孫度) 낙랑군(樂浪郡)과 공손강(公孫康) 대방군(帶方郡)

학설 84) 에 의하면

> 살수(薩水)를 국경으로 고구려(高句麗)와 접하게 된 후한낙랑군(後漢樂浪郡)은
> 요동군(遼東郡) 서안평현(西安平縣)의 영토 내로 이주했다.

세 번째 낙랑군(樂浪郡)인 제2 후한낙랑군(後漢樂浪郡)은 서안평현(西安平縣)의 영토 내에 위치했다.

제2 후한낙랑군(後漢樂浪郡)은 공손도(公孫度)의 군벌정권(軍閥政權)에 편입되었다.

학설 86) 에 의하면

> 공손도(公孫度)가 고구려(高句麗)를 침략하여 진요동(秦遼東) 남부 지역을 영토로
> 편입했으며, 낙랑서해(樂浪西海)의 제해권(制海權)을 장악했다.

공손도(公孫度)는 서안평현(西安平縣)의 영토 내에 거주하던 제2 후한낙랑군(後漢樂浪郡) 군민(郡民)들을 진요동(秦遼東) 남부 지역으로 이주시켰다.

그리고 나서 만리장성동단(萬里長城東端) 일대에 네 번째 낙랑군(樂浪郡)을 설치했다.

고중국(古中國)의 제1 정사서(正史書)인 사기(史記)에 '만리장성은 요동(遼東)까지 축성되었다'고 기록되어 있다.

만리장성동단(萬里長城東端)이 낙랑(樂浪) 땅에 위치할 수 없음은 명백하다.

진(秦)이 낙랑(樂浪)을 공격했을 때는 만리장성동단(萬里長城東端) 축성이 이미 완료된 후이며, 진(秦)이 잠시 점령한 곳도 낙랑(樂浪) 땅의 남부 지역이 아니라 북부 지역이기 때문이다.

만리장성은 이동할 수 없지만 행정명은 이동할 수 있다.

따라서 '만리장성동단(萬里長城東端)이 위치한 곳에 낙랑군(樂浪郡)이 위치한다'는 기록은 두 가지 역사적 사실을 알려준다.

1. 그 낙랑군(樂浪郡)은 [짝퉁 낙랑군]이다.

2. 그 낙랑군(樂浪郡)이 위치한 곳은 대요수(大遼水), 즉 현(現) 난하(灤河) 서쪽 진요동(秦遼東) 땅이다.

낙랑(樂浪) 땅에서 밀려난 낙랑군(樂浪郡)은 임둔(臨屯) 땅과 예맥(濊貊) 땅 서부 지역을 거쳐 진요동(秦遼東) 남부 지역에 이르렀다.

동북아고대사정립 1의 학설 35) 에 의하면

> 진(晋) 낙랑군(樂浪郡)은 고중국(古中國)의 사민(徙民) 정책으로 진요동(秦遼東)에
> 설치된 교치(僑置)에 가까운 군(郡)이며, 설치 목적은 고구려(高句麗)가 AD 37년 이후,
> 점유하고 있는 낙랑(樂浪) 땅에 대한 연고권 때문이다.
> 진(晋) 대방군(帶方郡)도 대요수(大遼水) 서쪽 진요동(秦遼東)에 위치한다.

제2 후한낙랑군(後漢樂浪郡)과 구분하기 위하여 만리장성동단(萬里長城東端)이 위치한 곳에 설치된 공손도(公孫度) 치하(治下)의 낙랑군(樂浪郡)을 이하, 공손도낙랑군(公孫度樂浪郡)이라 칭한다.

공손도낙랑군(公孫度樂浪郡)은 필자가 다섯 번째 낙랑군(樂浪郡)이라 칭한 진낙랑군(晉樂浪郡)으로 이어진다.

공손도낙랑군(公孫度樂浪郡)과 진낙랑군(晉樂浪郡)은 모두 진요동(秦遼東) 남부 지역에 위치한다.

위치가 같음에도 불구하고 공손도낙랑군(公孫度樂浪郡)과 진낙랑군(晉樂浪郡)을 구분한 이유는 공손도낙랑군(公孫度樂浪郡)은 실질적인 군(郡)으로 교치(僑置)에 가까운 진낙랑군(晉樂浪郡)과는 성격이 다르기 때문이다.

AD 204년, 공손도(公孫度)가 죽자 공손강(公孫康)이 승계했다.

공손강(公孫康)은 공손도낙랑군(公孫度樂浪郡) 둔유현(屯有縣)의 남부 지역 황무지에 대방군(帶方郡)을 설치했다.

만리장성동단(萬里長城東端) 일대에 위치한 대방군(帶方郡)을 이하, 공손강대방군(公孫康帶方郡)이라 칭한다.

공손강대방군(公孫康帶方郡)은 공손도낙랑군(公孫度樂浪郡)의 항구 도시였다.

홍콩(Hong Kong)같은 무역항을 생각하면 이해가 쉬울 것이다.

학설 94)

공손도낙랑군(公孫度樂浪郡)은 진요동(秦遼東) 남부 지역에 설치된 네 번째 낙랑군(樂浪郡)이며, 공손도(公孫度)의 아들 공손강(公孫康)은 진요동(秦遼東) 남부 지역에 역사상 최초의 대방군(帶方郡)을 설치했다.

---

4. 대방군(帶方郡)의 읍군(邑君)들

공손강(公孫康)은 낙랑서해(樂浪西海)의 제해권(制海權)을 활용하여 한반도와 무역을 하기 위해 진요동(秦遼東) 남부 지역 중, 사람이 살지 않던 공지(空地)에 대방군(帶方郡)을 설치했다.

대방군(帶方郡)을 설치한 공손강(公孫康)은 공손모(公孫模)와 장창(張敞)을 임둔(臨屯) 땅 서부 지역에 위치한 영동예(嶺東濊)로 보내 외교적 성과를 거두었고, 영동예(嶺東濊)를 간접적으로 지배했다.

'간접적으로 지배했다'의 의미는 공손씨(公孫氏) 군벌정권(軍閥政權)의 영토로 편입 시키지는 못했지만 지역 수장(首長)들을 읍군(邑君)으로 임명하여 공손씨(公孫氏) 군벌정권(軍閥政權)이 영향력을 행사했다는 뜻이다.

읍군(邑君)을 통한 간접 지배라는 공손강(公孫康)의 전략은 성공을 거두었다.

그 결과, 읍군(邑君)들로 인해 공손강(公孫康) 군벌정권(軍閥政權)의 영향력이 강하게 발휘된 임둔(臨屯) 땅은 대방계(帶方界)로 불렸다.

대방군(帶方郡)은 대방계(帶方界)를 무역의 중간 거점으로 삼아 성장했다.

영토가 아닌 곳의 지역 수장(首長)들을 읍군(邑君)으로 처음 임명한 자는 공손강(公孫康)이 아니라 후한(後漢) 광무제(光武帝)이다.

후한서(後漢書) 동이열전(東夷列傳) 한조(韓條)에 후한(後漢) 광무제(光武帝)는 소마시(蘇馬諟)를 한(韓)의 염사읍군(廉斯邑君)으로 삼아 낙랑군(樂浪郡)에 소속시켜 철마다 조알(朝謁)하게 했다고 기록되어 있다.

읍군(邑君)은 무역을 위해 명목상으로 복속을 받아들인 지역의 수장(首長)에게 인수(引受)를 주면서 부여한 칭호(稱號)이다.

광무제(光武帝)의 읍군(邑君)이 되었다는 것은 당시 현(現) 요하(遼河) 하류 유역에 위치한 후한낙랑군(後漢樂浪郡)의 명목상 관리가 되었다는 의미이다.

마찬가지로 공손강(公孫康)의 읍군(邑君)이 되었다는 것은 공손강대방군(公孫康帶方郡)의 명목상 관리가 되었다는 의미이며, 대방계(帶方界)는 광무제(光武帝)의 읍군(邑君)을 관리했던 후한낙랑군(後漢樂浪郡)과 위치가 같다.

5. 조위(曹魏)의 진요동(秦遼東) 남부 지역 정복

삼국지(三國志) 동이전(東夷傳) 한조(韓條)에 '경초연간(景初年間)〈AD 237~239년〉에 조위(曹魏)의 2대 황제인 명제(明帝)가 대방태수(帶方太守) 유흔(劉昕)과 낙랑태수(樂浪太守) 선우사(鮮于嗣)를 파견하여 대방군(帶方郡)과 낙랑군(樂浪郡)을 정복했다'고 기록되어 있다.

AD 238년, 명제(明帝)의 명령을 받은 사마의(司馬懿)에 의해 공손씨(公孫氏) 군벌정권(軍閥政權)은 멸망했다.

공손도낙랑군(公孫度樂浪郡)과 공손강대방군(公孫康帶方郡)이 점령된 시기는 경초연간(景初年間)〈AD 237 ～ 239년〉이다.

AD 237년, 조위(曹魏)의 공손씨(公孫氏) 정벌은 관구검(毌丘儉)의 1차 진군으로 시작되었다.

형세가 불리해지자 명제(明帝)는 관구검(毌丘儉)의 군대를 물러나게 했는데, 철수하여 주둔한 곳은 요서군(遼西郡) 서부 지역인 현(現) 천진시(天津市)가 아니라 우북평군(右北平郡)인 현(現) 북경시(北京市)였다.

한편, 현(現) 당산시(唐山市)인 진요동(秦遼東) 남부 지역은 여전히 공손도낙랑군(公孫度樂浪郡)과 공손강대방군(公孫康帶方郡)의 영토였다.

명제(明帝)는 사마의(司馬懿)를 파견했으며, 관구검(毌丘儉)의 군대는 사마의(司馬懿)의 군대에 합류했다.

사마의(司馬懿)의 군대가 공손도낙랑군(公孫度樂浪郡)과 공손강대방군(公孫康帶方郡)을 공격했다는 기록은 보이지 않는다.

사마의(司馬懿)의 군대가 동북진하여 공손씨(公孫氏) 군벌정권(軍閥政權)의 도읍을 공격할 때, 유흔(劉昕)과 선우사(鮮于嗣)의 군대가 공손도낙랑군(公孫度樂浪郡)과 공손강대방군(公孫康帶方郡)을 공격한 것으로 보인다.

유흔(劉昕)과 선우사(鮮于嗣)에게는 공손강대방군(公孫康帶方郡)을 정복한 후, 그 영향력 하(下)에 있던 읍군(邑君)들을 포섭하는 임무도 부여되었다.

명제(明帝)가 읍군(邑君)들을 거느린 공손강대방군(公孫康帶方郡)의 전략적 가치를 높게 여겼음을 알 수 있다.

6. 50년 만에 막을 내린 공손씨(公孫氏) 군벌정권(軍閥政權)

공손씨(公孫氏) 군벌정권(軍閥政權)의 영토는 현(現) 난하(灤河) 유역과 산동반도(山東半島) 북부 지역에 위치한 공손씨(公孫氏)의 영주(營州)였다.

조위(曹魏)의 2대 황제인 명제(明帝)가 따로 파견한 유흔(劉昕)과 선우사(鮮于嗣)의 군대가 진요동(秦遼東) 남부 지역에 위치한 공손도낙랑군(公孫度樂浪郡)과 공손강대방군(公孫康帶方郡)을 정복하면 산동반도(山東半島) 북부 지역에 위치한 공손씨(公孫氏)의 영주(營州)는 고립된다.

이와 같은 전략은 현(現) 난하(灤河) 중류 유역에 위치한 요동군(遼東郡) 일대만 사마의(司馬懿) 군대의 정벌 대상으로 남게 만든다.

조위(曹魏)는 고구려(高句麗)에 사신을 보내 원병(援兵)을 요청했고, 이에 고구려(高句麗)는 동쪽에서 공손씨(公孫氏) 군벌정권(軍閥政權)을 공격했다.

조위(曹魏)의 전략은 공손씨(公孫氏) 군벌정권(軍閥政權)이 동쪽으로 도망가는 상황을 미연에 방지하였으며, 북쪽으로 도망가는 상황도 선비족(鮮卑族)에 의해 차단되었다.

북쪽으로 서안평현(西安平縣), 즉 예맥(濊貊) 땅 서부 지역까지가 공손씨(公孫氏) 군벌정권(軍閥政權)의 영토였다.

그리고 예맥(濊貊) 땅 서부 지역의 북쪽은 선비족(鮮卑族)의 영토였다.

원병(援兵)으로 나선 선비족(鮮卑族)의 군대가 합류한 조위(曹魏)의 군대는 현(現) 난하(灤河) 동쪽에 접해 있는 양평현(襄平縣)을 점령했고, 공손씨(公孫氏) 군벌정권(軍閥政權)은 50년 만에 막을 내렸다.

삼국시대(三國時代)의 위(魏) · 촉(蜀) · 오(吳) 중 하나인 조위(曹魏)는 수(隋) · 당(唐)과 같은 통일된 강력한 고중국(古中國)은 아니었다.

그러나 영토가 작고 인구가 적은 공손씨(公孫氏) 군벌정권(軍閥政權)이 맞설 수 있는 상대가 아니었으며, 온라인 게임에서 공손씨(公孫氏)가 현(現) 요하(遼河) 유역까지 장악한 것으로 묘사되지만, 이는 역사적 사실과 다르다.

조위(曹魏)는 현(現) 난하(灤河) 유역을 내지로 만들만한 국력을 보유하지 못했다.

이에 조위(曹魏)는 관리와 장수 등 공손씨(公孫氏) 군벌정권(軍閥政權)의 지배층 2천여 명을 주륙(誅戮)했으며, 15세 이상 남자 7천 명을 죽여 경관(京觀)을 세웠다.

현(現) 난하(灤河) 유역 주민들의 민심을 얻어 조위(曹魏)의 내지로 만들 계획이 없었던 것이다.

이때 원병(援兵)으로 활약한 선비족(鮮卑族)이 현(現) 난하(灤河) 유역으로 이주하여 조위(曹魏)에 속하겠다고 요청했다.

공손씨(公孫氏) 군벌정권(軍閥政權)의 50년 통치로 현(現) 난하(灤河) 유역은 고중국(古中國)의 내지에서 벗어나 있었다.

현(現) 난하(灤河) 유역(流域)을 내지로 만들 국력이 없었던 조위(曹魏)는 선비족(鮮卑族)의 이주를 허락하여 고구려(高句麗)를 견제했다.

발기(拔奇)의 난(亂)을 계기로 고구려(高句麗)로부터 벗어난 선비(鮮卑)의 일파(一派)가 조위(曹魏)에 복속되면서, 공손씨(公孫氏) 군벌정권(軍閥政權)을 대신하여 조위(曹魏)와 고구려(高句麗) 간 완충지대(緩衝地帶)였던 현(現) 난하(灤河) 유역의 새로운 지배세력이 되었다.

학설 95)

공손씨(公孫氏) 군벌정권(軍閥政權) 멸망 후, 선비(鮮卑)의 일파(一派)가 현(現) 난하(灤河) 유역으로 이주하여 조위(曹魏)에 복속되었다.
이로써 공손씨(公孫氏) 영토의 동부 지역은 모두 선비(鮮卑)의 영토가 되었다.

7. 고구려(高句麗)의 서안평현(西安平縣) 공격과 환도성(丸都城)의 함락

AD 238년, 고구려(高句麗)는 공손씨(公孫氏) 군벌정권(軍閥政權)의 멸망에 일조(一助)했지만, 조위(曹魏)가 현(現) 난하(灤河) 유역으로 모용선비(慕容鮮卑)를 이주시킴으로써 고구려(高句麗)에 위협이 되었다.

현(現) 난하(灤河) 유역으로 이주한 모용선비(慕容鮮卑)가 경제적으로 성장하여 몽골고원에 남아 있는 선비족(鮮卑族)과 군사적으로 연결된다면 고구려(高句麗)에 큰 위협이 된다.

고구려(高句麗)는 고토(古土)였던 예맥(濊貊) 땅 서부 지역에 위치한 서안평현(西安平縣)을 점령하여 현(現) 난하(灤河) 유역으로 이주한 모용선비(慕容鮮卑)와 몽골 고원에 남아 있는 선비족(鮮卑族)을 분리시켜야 한다고 판단했을 것이다.

삼국사기(三國史記) 고구려본기(高句麗本紀)에 'AD 242년, 고구려(高句麗)는 조위(曹魏)의 서안평현(西安平縣)을 격파했다'고 기록되어 있다.

하지만 서안평현(西安平縣)을 영토로 편입하여 현(現) 난하(灤河) 유역으로 이주한 모용선비(慕容鮮卑)를 고립시킬 만한 국력이 당시 환도성(丸都城) 시대의 고구려(高句麗)에는 없었던 것으로 보인다.

게다가 당시 고구려(高句麗)는 현(現) 난하(灤河) 유역으로 이주한 모용선비(慕容鮮卑)를 내쫓는다 해도 진요동(秦遼東) 땅과 예맥(濊貊) 땅 서부 지역을 고구려(高句麗)의 내지로 만들 만한 인구가 없었다.

훗날 광개토대왕 치세에 현(現) 난하(灤河) 유역은 결국 고구려(高句麗)의 내지로 편입되었지만 인구수가 적어 서쪽 변방에 머물렀다.

한편, 조위(曹魏)의 입장에서는 서안평현(西安平縣)을 공격한 고구려(高句麗)에 대한 강력한 반격이 모용선비(慕容鮮卑)에게 본보기를 보여주기 위해서라도 불가피했을 것이다.

에 의하면

> 현(現) 난하(灤河) 유역에 위치한 제2 현도군(玄菟郡) ➡ 양맥(梁貊) ➡ 비류수(沸流水)와
>
> 졸본성(卒本城) ➡ 현(現) 요하(遼河) 중류 유역이 서쪽에서 동쪽 방향으로 위치한다.

삼국사기(三國史記) 고구려본기(高句麗本紀)에 의하면 AD 246년, 조위(曹魏)의 서안평현(西安平縣)이 격파된 지 4년 후, 유주자사(幽州刺史) 관구검(毌丘儉)이 현도군(玄菟郡)에서 환도성(丸都城)을 향해 진군했는데, 고구려(高句麗)는 비류수(沸流水) 전투와 양맥(梁貊) 전투에서 모두 승리했다.

하지만 다음 전투에서 고구려(高句麗) 군대는 크게 패하여 죽은 자만 1만 8천여 명이었으며, 고구려(高句麗) 동천왕(東川王)은 기병 1천여 기(騎)를 데리고 압원(鴨原)으로 달아났다.

고구려(高句麗)의 수도 환도성(丸都城)은 함락되었다.

8. 왕기(王頎)의 동천왕(東川王) 추격

삼국사기(三國史記) 고구려본기(高句麗本紀)에 '환도성(丸都城) 함락 후, 관구검(毌丘儉)은 왕기(王頎)를 보내 고구려(高句麗) 동천왕(東川王)을 쫓았으며, 동천왕(東川王)은 남옥저(南沃沮)로 달아나 죽령(竹嶺)에 이르렀다'고 기록되어 있다.

삼국지(三國志) 동이전(東夷傳) 부여조(夫餘條)에 의하면 유주자사(幽州刺史) 관구검(毌丘儉)이 고구려(高句麗)를 토벌하면서 현도태수(玄菟太守) 왕기(王頎)를 부여국(夫餘國)에 파견했으며, '부여국(夫餘國)의 왕(王) 위거(位居)는 대가(大加)를 보내 교외(郊外)에서 맞이하게 하고 군량(軍糧)을 제공했다'고 기록되어 있다.

삼국지(三國志) 동이전(東夷傳) 예조(濊條)에 의하면 'AD 245년, 낙랑태수(樂浪太守) 유무(劉茂)와 대방태수(帶方太守) 궁준(弓遵)은 영동예(嶺東濊)가 고구려(高句麗)에 예속

되었다는 명분으로 군대를 일으켜 공격했으며, 그 결과 불내후(不耐侯) 등이 항복했다'고 기록되어 있다.

당시 관구검(毌丘儉)의 직책은 유주자사(幽州刺史)로, 자사(刺史)가 직접 군대를 통솔한 전쟁에 그 주(州)에 속한 군(郡)의 태수(太守)들이 모두 전쟁에 참여하는 것은 당연한 일이다.

낙랑태수(樂浪太守)와 대방태수(帶方太守)는 임둔(臨屯) 땅에서 고구려(高句麗)를 압박했다.

삼국사기(三國史記) 고구려본기(高句麗本紀)에 의하면 동천왕(東川王)이 남옥저(南沃沮)에 이르렀으나 조위(曹魏)의 군사들은 추격을 멈추지 않았다.

'동천왕(東川王)이 방도가 막히고 기세가 꺾여서 어찌할 바를 모르는 가운데, 유유(紐由)가 거짓 항복을 하면서 방심한 조위(曹魏)의 장수를 죽여 군대가 혼란에 빠졌을 때, 동천왕(東川王)이 공격하니 조위(曹魏)의 군대는 군진(軍陣)을 이루지 못했으며, 마침내 낙랑(樂浪)으로부터 물러났다'고 기록되어 있다.

삼국지(三國志) 동이전(東夷傳) 예조(濊條)에 의하면 AD 245년, 조위(曹魏)는 영동예(嶺東濊)를 항복시켰다.

'AD 247년, 영동예(嶺東濊)의 불내후(不耐侯)가 조공(朝貢)을 하니 불내예왕(不耐濊王)으로 봉했으며, 불내예왕(不耐濊王)은 백성들 사이에 섞여 살면서 계절마다 군(郡)에 와서 조알(朝謁)했다'고 기록되어 있다.

또한 '낙랑군(樂浪郡)과 대방군(帶方郡)에 전역(戰役)이 있어 조세를 거둘 일이 있으면 납부했으며, 사역을 시켜 마치 백성처럼 취급했다'고 기록되어 있다.

낙랑태수(樂浪太守) 유무(劉茂)와 대방태수(帶方太守) 궁준(弓遵)의 공격 이후, 임둔(臨屯) 땅 서부 지역에 위치한 영동예(嶺東濊)는 조위(曹魏)의 영토로 편입된 것은 아니지만, 정치적으로 조위(曹魏)에 예속되었음을 알 수 있다.

第8章

동천왕평양성(東川王平壤城)과 황성(黃城) 시대
〈 AD 247 ~ 427년 〉

Part 1 임둔(臨屯) 땅의 동천왕평양성(東川王平壤城)

1. 고구려(高句麗)의 네 번째 수도인 동천왕평양성(東川王平壤城)

삼국사기(三國史記) 고구려본기(高句麗本紀)에 'AD 247년, 동천왕(東川王)이 환도성(丸都城)은 난(亂)을 겪어 다시 도읍으로 삼을 수 없다며 평양성(平壤城)을 축성하고 백성·종묘·사직을 평양성(平壤城)으로 옮겼다'고 기록되어 있다.

동천왕(東川王) 치세에 고구려(高句麗)의 네 번째 수도가 된 평양성(平壤城)을 고구려(高句麗)의 다섯 번째 수도인 장수왕평양성(長壽王平壤城)과 구분하기 위하여 이하, 동천왕평양성(東川王平壤城)이라 칭한다.

`학설 82)` 에 의하면

> 현(現) 난하(灤河) 유역에 위치한 제2 현도군(玄菟郡) ➡ 양맥(梁貊) ➡ 비류수(沸流水)와
> 졸본성(卒本城) ➡ 현(現) 요하(遼河) 중류 유역이 서쪽에서 동쪽 방향으로 위치한다.

삼국사기(三國史記) 고구려본기(高句麗本紀)에 'AD 259년, 중천왕(中川王)은 조위(曹魏)가 침략하자 양맥(梁貊)의 골짜기에서 싸워 이겼다'고 기록되어 있다.

또한 'AD 260년, 중천왕(中川王)은 비류수(沸流水)에 위치한 졸본(卒本)에 가서 시조묘(始祖廟)에 제사를 지냈다'고 기록되어 있다.

AD 247년, 세 번째 수도인 환도성(丸都城) 함락으로 고구려(高句麗)는 동천왕평양성(東川王平壤城)으로 천도했지만, 현(現) 요하(遼河) 서쪽 환도성(丸都城)은 물론이고 양맥(梁貊)과 비류수(沸流水) 일대까지 여전히 고구려(高句麗)의 영토였다.

2. 진요동(秦遼東) 남부 지역을 수복한 고구려(高句麗)

삼국사기(三國史記) 고구려본기(高句麗本紀)에 의하면 'AD 302년, 고구려(高句麗) 미천왕(美川王)이 군사 3만 명을 거느리고 현도군(玄菟郡)을 공격하여 8천 명을 붙잡아 평양(平壤)으로 옮겼다'고 기록되어 있다.

또한 'AD 311년, 장수를 보내 요동(遼東)의 서안평(西安平)을 공격하여 차지했다'고 기록되어 있다.

마침내 고구려(高句麗)가 예맥(濊貊) 땅 서부 지역을 고중국(古中國)으로부터 수복한 것이다.

삼국사기(三國史記) 고구려본기(高句麗本紀)에 의하면 AD 313년, 고구려(高句麗)가 낙랑군(樂浪郡)을 공격하여 남녀 2천여 명을 사로잡았다.

AD 313년의 낙랑군(樂浪郡)은 고중국(古中國)을 두 번째로 통일한 진(晉) 치하(治下)의 다섯 번째 낙랑군(樂浪郡)이다.

동북아고대사정립 1의 학설 35) 에 의하면

> 진(晋) 낙랑군(樂浪郡)은 고중국(古中國)의 사민(徙民) 정책으로 진요동(秦遼東)에
> 설치된 교치(僑置)에 가까운 군(郡)이며, 설치 목적은 고구려(高句麗)가 AD 37년 이후,
> 점유하고 있는 낙랑(樂浪) 땅에 대한 연고권 때문이다.
> 진(晋) 대방군(帶方郡)도 대요수(大遼水) 서쪽 진요동(秦遼東)에 위치한다.

게다가 'AD 314년, 고구려(高句麗)가 대방군(帶方郡)을 공격했다'고 기록되어 있다.

AD 313 ~ 314년, 고구려(高句麗) 미천왕(美川王)이 현(現) 난하(灤河) 하류 서쪽에 위치한 진요동(秦遼東) 남부 지역을 공략했다.

하지만 진요동(秦遼東) 남부 지역을 고구려(高句麗) 영토로 편입했다고 결론을 내릴 만한 기록은 보이지 않는다.

이후, 광개토대왕 치세에는 진요동(秦遼東) 남부 지역이 명백하게 고구려(高句麗) 영토로 편입되어 있으며, 고구려(高句麗)가 멸망할 때까지 현(現) 난하(灤河) 하류 서쪽 만리장성동단(萬里長城東端) 임유현갈석산(臨渝縣碣石山) 일대는 고구려(高句麗) 영토로 유지되었다.

광개토대왕 치세부터 고구려(髙句麗)가 멸망할 때까지,
만리장성동단(萬里長城東端)이 위치한 임유현갈석산(臨渝縣碣石山) 일대는
고구려(髙句麗) 영토로 유지되었다.

3. 전연(前燕)의 수도 용성(龍城)과 모용황(慕容皝)의 고구려(髙句麗) 침략

삼국사기(三國史記) 고구려본기(高句麗本紀)에 의하면 AD 342년, 고구려(髙句麗) 고국원왕(故國原王)은 환도성(丸都城)을 수리한 후 8월에 환도성(丸都城)으로 거처를 옮겼다.

AD 337년, 모용황(慕容皝)은 극성(棘城)에서 전연(前燕)을 건국했다.

전연(前燕)의 첫 번째 수도인 극성(棘城)은 진요동(秦遼東) 중부 지역에 위치한다.

AD 342년 10월, 용성(龍城)으로 천도, 11월에 고구려(髙句麗)를 침공했다.

고국원왕(故國原王)이 환도성(丸都城)으로 거처를 옮긴 이유는 전연(前燕)의 침공을 대비하려던 것으로 판단된다.

학설 71) 에 의하면

당(唐) 영주(營州)가 위치한 곳은 백랑수(白狼水)가 대요수(大遼水)에 입해(入海)하기 전 마지막으로 흐르는 진요동(秦遼東) 북부 지역이다.

수(隋) 요서군(遼西郡)을 거쳐 당(唐) 영주(營州)로 승계되는 유성현(柳城縣)에 축성된 용성(龍城)은 진요동(秦遼東) 북부 지역에 위치한다.

진요동(秦遼東) 북부 지역에서 동쪽으로 진군하여 대요수(大遼水)를 넘으면 바로 한(漢) 요동군(遼東郡) 양평현(襄平縣)이 위치한 지역이다.

전연(前燕)의 첫 번째 수도인 극성(棘城)과 두 번째 수도인 용성(龍城) 모두 고조선(古朝鮮)의 영토였던 진요동(秦遼東)에 위치하고 있는데, 고구려(高句麗)를 침략하기 위한 교두보(橋頭堡)로는 진요동(秦遼東) 중부 지역보다 북부 지역이 더 적임지이다.

현(現) 난하(灤河) 유역으로 이주한 후, 조위(曹魏)에 복속되어 세력을 키운 선비(鮮卑)의 수장은 모용외(慕容廆)이며, 그 세력을 바탕으로 전연(前燕)을 건국한 모용황(慕容皝)은 모용외(慕容廆)의 아들이다.

진서(晉書)에 의하면 진(晉)은 모용외(慕容廆)를 조선공(朝鮮公)에 봉했으며, 전연(前燕)을 건국한 모용황(慕容皝)은 조선공(朝鮮公)을 승계했다.

> **학설 97)**
>
> 선비(鮮卑)의 일파(一派)가 현(現) 난하(灤河) 유역, 즉 고조선(古朝鮮) 땅에서 세력을 키워 전연(前燕)을 건국했다.
> 이러한 이유로 진(晉)은 전연(前燕)을 건국한 모용황(慕容皝)을 조선공(朝鮮公)으로 봉했다.

4. 동천왕평양성(東川王平壤城)**에 대해 알지 못했던 김부식**(金富軾)

삼국사기(三國史記) 고구려본기(高句麗本紀)에 의하면 모용황(慕容皝)의 침략으로 고구려(高句麗) 고국원왕(故國原王)의 거처였던 환도성(丸都城)이 함락되었다.

고국원왕(故國原王)은 도망갔으며, 모용황(慕容皝)의 군대는 고국원왕(故國原王)의 어머니 주씨(周氏)와 왕비 등 남녀 5만여 명을 사로잡고 철군했다.

삼국사기(三國史記) 고구려본기(高句麗本紀) 고국원왕(故國原王) 편에 의하면

> 移居平壤東黃城
> 평양(平壤) 동쪽 황성(黃城)으로 옮겨 거처했다.

AD 343년, 고국원왕(故國原王)은 평양(平壤) 동쪽 황성(黃城)으로 거처를 옮겼다.

평양(平壤)은 당시 고구려(高句麗)의 수도인 동천왕평양성(東川王平壤城)이다.

장수왕평양성(長壽王平壤城) 또는 별칭이 평양성(平壤城)인 고구려(高句麗) 마지막 수도 장안성(長安城)은 고국원왕(故國原王) 생애에 존재하지 않았다.

김부식(金富軾)은 '고국원왕(故國原王)이 평양(平壤) 동쪽 황성(黃城)으로 거처를 옮겼다'는 기록을 보았음에도 불구하고 그 평양(平壤)이 당시 수도인 동천왕평양성(東川王平壤城)임을 인지하지 못했다.

김부식(金富軾)의 머릿속에 평양성(平壤城)은 장수왕평양성(長壽王平壤城)뿐이었다.

김부식(金富軾)은 삼국사기(三國史記)에 '고구려(高句麗)는 국내성(國內城)에 도읍을 정한 지 425년이 지난 장수왕(長壽王) 15년에 평양성(平壤城)으로 도읍을 옮겼고, 156년이 지난 평원왕(平原王) 28년에 장안성(長安城)으로 도읍을 옮겼으며, 83년이 지난 보장왕(寶臧王) 27년에 장안성(長安城)에서 멸망했다'고 기록했다.

고구려(高句麗) 역사상 첫 번째 평양성(平壤城)이자 고구려(高句麗)의 네 번째 수도인 동천왕평양성(東川王平壤城)을 누락시킨 것이다.

광개토대왕릉비(廣開土大王陵碑)로 인해 고국원왕(故國原王) · 소수림왕(小獸林王) · 고국양왕(故國壤王) · 광개토대왕 · 장수왕(長壽王)의 거처인 황성(黃城)은 현(現) 집안시(集安市)에 위치했음을 알 수 있다.

고구려(高句麗) 왕(王)들의 황성(黃城) 시대에 고구려(高句麗)의 수도는 동천왕평양성(東川王平壤城)이었다.

황성(黃城) 서쪽에 위치한 동천왕평양성(東川王平壤城)은 현(現) 요하(遼河) 하류 유역, 즉 임둔(臨屯) 땅에 위치하며, 백제(百濟)가 두 차례 공격한 고구려(高句麗)의 평양성(平壤城)은 바로 동천왕평양성(東川王平壤城)이다.

당서(唐書)에는 구당서(舊唐書)와 신당서(新唐書)가 있는데, 구당서(舊唐書)의 기록에는 오인할 만한 내용이 없다.

김부식(金富軾)은 평양성(平壤城)과 장안성(長安城)이 동일한 성(城)인 것처럼 보이게 만드는 신당서(新唐書)의 애매한 기록으로 인해 오인한 것이다.

김부식(金富軾)은 생애의 고려서경(高麗西京)이 고구려(高句麗)의 마지막 수도인 장안성(長安城)임을 정확하게 알고 있었다.

다만 장안성(長安城)과 장수왕평양성(長壽王平壤城)이 동일한 성(城)인지 별개의 성(城)인지를 놓고 고민한 것이다.

김부식(金富軾)은 '동일한 성(城)인 것 같다'고 결론을 내렸다.

그러면서도 '확언할 수는 없다'고 솔직한 심정을 기록에 남겼다.

장수왕평양성(長壽王平壤城)은 현(現) 요하(遼河) 서쪽 낙랑(樂浪) 땅에 위치한다.

반면, 장안성(長安城)은 현(現) 요하(遼河) 동쪽 예맥(濊貊) 땅에 위치한다.

두 성(城)은 멀리 떨어진 별개의 성(城)으로 고기(古記)의 기록이 옳다.

김부식(金富軾)은 장수왕평양성(長壽王平壤城)과 장안성(長安城)을 별개의 성(城)으로 결론을 내리고 국내성(國內城)과 마찬가지로 '장수왕평양성(長壽王平壤城)의 위치를 모르겠다'고 기록했어야 했다.

김부식(金富軾)에게 아쉬운 점은 현(現) 요하(遼河) 유역의 고려서경(高麗西京) 남쪽에서 서쪽으로 흐르는 본인 생애의 대동강(大同江)을 패수(浿水)로 비정하여, 현(現) 요하(遼河), 즉 고려(高麗) 압록강(鴨淥江)을 낙랑(樂浪) 땅에서 흐르는 하천으로 왜곡했다는 점이다.

모든 압록(鴨淥)은 예맥(濊貊) 땅에서 흐르며, 낙랑(樂浪) 땅에서 흐르는 압록(鴨淥)은 없다.

AD 371년, 백제(百濟) 근초고왕(近肖古王)이 동천왕평양성(東川王平壤城)을 공격했으며, 고구려(高句麗) 고국원왕(故國原王)은 그곳에서 항전하다 화살에 맞아 전사했다.

현(現) 집안시(集安市)에 위치한 황성(黃城)은 목멱산(木覓山) 중(中)에 있는 협소(狹小)한 곳으로 백제(百濟)가 점령을 해도 큰 실익이 없으니 근초고왕(近肖古王)은 고구려(高句麗)의 수도인 동천왕평양성(東川王平壤城)을 공격한 것이다.

5. 김부식(金富軾) 생애의 고려서경(高麗西京)

삼국사기(三國史記) 고구려본기(高句麗本紀) 고국원왕(故國原王) 편에 의하면

> 移居平壤東黃城 城在今西京東木覓山中
> 평양(平壤) 동쪽 황성(黃城)으로 거처를 옮겼다.
> 성(城)은 지금의 서경(西京) 동쪽 목멱산(木覓山) 중(中)에 있다.

김부식(金富軾)은 '고국원왕(故國原王)이 평양(平壤) 동쪽 황성(黃城)으로 거처를 옮겼다'는 기록과 함께 '황성(黃城)은 고려서경(高麗西京) 동쪽 목멱산(木覓山) 중(中)에 있다'는 기록을 남겼다.

'김부식(金富軾) 생애의 고려서경(高麗西京)은 황성(黃城) 남쪽이 아니라 서쪽에 위치한다'는 소중한 기록을 남긴 것이다.

김부식(金富軾)은 생애⟨AD 1075 ～ 1151년⟩의 고려서경(高麗西京)이 평양성(平壤城)인 것 같고, 패수(浿水)는 대동강(大同江)이라고 비정했다.

정리해 보면

1. 고구려(高句麗) 황성(黃城)은 현(現) 집안시(集安市)에 위치한다.

2. 김부식(金富軾) 생애의 고려서경(高麗西京)은 고구려(高句麗)의 마지막 수도인 장안성(長安城)이다.

3. 장안성(長安城)은 현(現) 집안시(集安市) 서쪽에 위치한다.

4. 김부식(金富軾) 생애의 고려서경(高麗西京)에는 대동강(大同江)으로 불리운 하천이 있다.

5. 김부식(金富軾) 생애의 대동강(大同江)은 집안시(集安市) 남쪽에 위치한 현(現) 대동강(大同江)이 아니라 현(現) 요하(遼河) 동쪽 유역에서 흐르는 하천이다.

6. 김부식(金富軾)은 생애의 고려서경(高麗西京)이 위치한 현(現) 요하(遼河) 동쪽 땅이 '패수(浿水)가 흐른다'고 기록된 낙랑(樂浪) 땅이라 믿고 있었다.

7. 김부식(金富軾)은 삼국사기(三國史記)에 '고려서경(高麗西京)은 현(現) 요하(遼河) 동쪽 유역에 위치한다'고 기록했다.

8. 조선(朝鮮)의 학자들이 삼국사기(三國史記)의 기록을 오독(誤讀)하여 만주의 대동강(大同江)을 한반도로 끌어들였다.

학설 98)

삼국사기(三國史記)에 기록된 고려서경(高麗西京)에서 흐르는 대동강(大同江)은
한반도의 현(現) 대동강(大同江)과 동일한 하천이 아니다.
조선(朝鮮)의 학자들이 삼국사기(三國史記)의 기록을 오독(誤讀)하여 만주의
대동강(大同江)을 한반도로 끌어들였다.

김부식(金富軾)은 모르면 모른다고 기록한 솔직한 학자로 '국내성(國內城)'의 위치를 모른다'고 기록했다.

그리고 김부식(金富軾)은 '당서(唐書)에는 평양성(平壤城)을 장안성(長安城)이라 불렀다'고 기록되어 있고, '고기(古記)에는 평양성(平壤城)에서 장안성(長安城)으로 옮겼다'고 기록되어 있으니, '두 성(城)이 동일한 것인지 아니면 얼마나 떨어져 있는지 알 수 없다'고 솔직하게 기록했다.

6. 고구려(高句麗)에 병합된 맥국(貊國)

에 의하면

> 현(現) 압록강(鴨綠江)은 동옥저(東沃沮)와 맥국(貊國) 간 국경이다.

고구려(高句麗) 고국원왕(故國原王)의 거처인 황성(黃城)은 맥국(貊國)의 북쪽 국경인 현(現) 압록강(鴨綠江) 북변(北邊)에 위치한다.

국경을 접한 곳에 왕(王)의 거처를 둘 수는 없다.

맥국(貊國)은 고국원왕(故國原王)이 황성(黃城)으로 거처를 옮긴 AD 343년 이전에 이미 고구려(高句麗)에 병합되었음을 알 수 있다.

삼국사기(三國史記) 잡지(雜志) 제(第) 3에 의하면

> 고구려(高句麗) 멸망 후, 신라(新羅)가 9주(九州)를 설치했는데, 고구려(高句麗)의 영토에는 한주(漢州)·삭주(朔州)·명주(溟州)를 설치했다. 한주(漢州)·삭주(朔州)·명주(溟州) 중 한주(漢州)가 가장 서쪽에 위치하며, 명주(溟州)가 가장 동쪽에 위치한다.

삼국사기(三國史記) 잡지(雜志) 제(第) 4에 의하면

> 가탐(賈耽)의 고금군국지(古今郡國志)를 인용하여, 삭주(朔州)는 고구려(高句麗)의 동남쪽에 위치하고, 예(濊)의 서쪽에 위치하며, 옛 맥(貊)의 땅이다.

가탐(賈耽)의 기록에 의하면 삭주(朔州)의 치소는 고구려(高句麗) 동남쪽에 위치해야 하고, 한반도동해(韓半島東海)에 접해 있는 명주(溟州) 서쪽에 위치해야 한다.

가탐(賈耽)의 기록이니 기준은 고구려(高句麗)의 마지막 수도인 장안성(長安城)이다.

따라서 가탐(賈耽)의 기록으로도 맥국(貊國)의 위치는 한반도 북부 지역임을 확인할 수 있다.

한반도동해(韓半島東海)에 접해 있는 명주(溟州)에는 예(濊)라 칭한 정치세력이 있었다.

예국(濊國) 또는 영동예(嶺東濊)는 한반도서해(韓半島西海)를 기준으로 북쪽에 접해 있으므로 한반도동해(韓半島東海)에 접해 있는 예(濊)와 상당히 멀리 떨어져 있는 별개의 정치세력이다.

필자는 한반도동해(韓半島東海)에 접해 있는 예(濊)를 임둔(臨屯) 땅의 예국(濊國)이 멸망하자 예국(濊國) 유민들이 동쪽으로 이주하여 맥국(貊國)의 영토에 정착한 소규모 정치세력으로 보고 있다.

본래 맥(貊)은 산지에 살고 예(濊)는 물가에 살면서 서로 돕는 관계이기에 맥국(貊國)이 한반도동해(韓半島東海)에 접해 있는 명주(溟州) 땅에 예국(濊國) 유민들이 정착하도록 돕는 것은 자연스럽다.

영동예(嶺東濊)는 임둔(臨屯) 땅 서부 지역에 남은 예국(濊國) 유민들의 후손이다.

영동예(嶺東濊)는 단단대령(單單大嶺) 동쪽 인접한 곳에 위치해야만 불릴 수 있는 명칭이기 때문에 현(現) 요하(遼河) 서쪽에 위치하고 있음이 명확하다.

이하, 예국(濊國) 또는 영동예(嶺東濊)와 구분하기 위하여 한반도동해(韓半島東海)에 접해 있는 예(濊)를 '맥국(貊國) 땅의 예(濊)' 또는 '맥국예(貊國濊)'라 칭한다.

후한서(後漢書) 동이열전(東夷列傳)에 맥(貊) 편이 없기 때문에 맥국(貊國)에 대한 기록이 거의 없으며, 이러한 이유로 맥국예(貊國濊)에 대한 기록도 없다.

맥국(貊國)과 맥국예(貊國濊)에 관해서는 고고학(考古學)의 활약을 기대해 본다.

> **학설 99)**
>
> 한반도동해(韓半島東海)에 접해 있는 '맥국(貊國) 땅 예(濊)'는 진번(眞番) 땅
> 예(濊)이고, 예국(濊國) 또는 영동예(嶺東濊)는 임둔(臨屯) 땅 예(濊)이다.

7. 한주(漢州)의 영토

통일신라(統一新羅)의 9주(九州)								
고구려(高句麗)			신라(新羅)			백제(百濟)		
한주(漢州)	삭주(朔州)	명주(溟州)	상주(尙州)	양주(良州)	강주(康州)	웅주(熊州)	전주(全州)	무주(武州)
28	11	9	10	12	11	13	10	15
숫자는 각 주(州)가 통솔한 속군(屬郡)의 수								

삼국사기(三國史記) 잡지(雜志) 제(第) 4에 의하면

> 신라(新羅)의 영토 내에는 상주(尙州), 양주(良州), 강주(康州)가 설치되었는데, 3개 주(州)가 통솔한 속군(屬郡)의 수는 총 33개이다.
> 한편, 신라(新羅)가 편입한 고구려(高句麗)의 영토 내에는 한주(漢州)·삭주(朔州)·명주(溟州)가 설치되었으며, 3개 주(州)가 통솔한 속군(屬郡)의 수는 총 48개이다.

고구려(髙句麗) 영토 중 고려서경(高麗西京) 남쪽 땅만 통일신라(統一新羅)의 영토로 편입되었는데, 속군(屬郡)의 수를 감안하면 통일신라(統一新羅) 영토에서 고구려(髙句麗) 땅의 비율이 가장 높았다.

게다가 28개 속군(屬郡)을 거느린 한주(漢州)는 많은 인구를 수용할 수 있기에 통일신라(統一新羅) 인구에서 고구려(髙句麗) 유민의 비율이 가장 높았을 것이다.

여러 사료들을 종합해보면 한주(漢州)의 영토는 한반도 서북부 지역과 현(現) 요령성(遼寧省) 동남부 지역이다.

학설 100)
통일신라(統一新羅) 9주(九州) 중 가장 서북방에 위치한 한주(漢州)의 영토는 한반도 서북부 지역과 현(現) 요령성(遼寧省) 동남부 지역이다.

Part 2 대동강(大同江) 유역의 백제(百濟) 한성(漢城)

1. 백제(百濟)의 전성기

삼국사기(三國史記) 백제본기(百濟本紀)에 의하면 백제(百濟)의 도읍인 하남(河南) 위례성(慰禮城)을 기준으로 북쪽에 한수(漢水)가 흐르며, 동쪽에 높은 산들이 놓여 있고, 남쪽에 비옥한 들판이 자리하며, 서쪽은 대해(大海)로 가로막혀 있다.

한반도 서부 지역의 전형적인 지형을 위례성(慰禮城)을 기준으로 기술한 것이다.

남아있는 사료로는 백제(百濟)의 초기 건국지를 알 수 없을 뿐더러, 고구려(高句麗)에서 갈라져 나와 뿌리가 명확한 백제(百濟)는 정착에 실패한 초기 건국지가 그다지 중요하지 않다.

현(現) 요서(遼西) 지역에서 건국한 고구려(高句麗)에서 갈라져 나와 남하한 백제(百濟)는 발해(渤海) 북안(北岸)을 거쳐 결국 한반도 서부 지역으로 진입했으며, 예맥조선(濊貊朝鮮) 일파(一派) 중 하나였다.

'도읍을 옮겨 북쪽으로는 패하(浿河), 남쪽으로는 웅천(熊川), 서쪽으로는 대해(大海), 동쪽으로는 주양(走壤)에 이르렀'고 기록되어 있는데, 이는 소국(小國)에서 벗어난 백제(百濟)의 영토를 소급하여 설명한 것이다.

삼국사기(三國史記)에 기록된 패하(浿河)는 원래 백제(百濟)의 북쪽 국경이었음을 알 수 있다.

패하(浿河)가 백제(百濟)의 북쪽 국경이기에 '크다'라는 의미의 '한'을 음차(音借)한 백제(百濟)의 한수(漢水)는 현(現) 한강(漢江)일 수밖에 없다.

이하, 위례성(慰禮城) 북쪽에 위치한 한수(漢水)는 위례성한수(慰禮城漢水) 또는 한강(漢江)이라 칭한다.

삼국사기(三國史記) 고구려본기(高句麗本紀)에 'AD 369년, 고구려(高句麗) 고국원왕(故國原王)이 군사 2만 명을 거느리고 남쪽으로 백제(百濟)를 정벌했으나 치양(雉壤)에서 패했다'고 기록되어 있다.

또한 'AD 371년, 백제(百濟)의 왕(王)이 군사 3만 명으로 평양성(平壤城)을 공격했으며, 고국원왕(故國原王)은 이를 막다가 화살에 맞아 전사했'고 기록되어 있다.

한반도가 본토인 백제(百濟)가 3만 명의 대군을 진군시켜 현(現) 요하(遼河) 하류 유역에 위치한 고구려(高句麗) 동천왕평양성(東川王平壤城)을 공격한 것이다.

삼국사기(三國史記) 백제본기(百濟本紀)에 'AD 371년, 고구려(高句麗)가 쳐들어 왔다는 말을 들은 백제(百濟) 근초고왕(近肖古王)은 패하(浿河)에 복병을 배치했으며, 고구려(高句麗) 군대가 오기를 기다렸다가 공격하여 고구려(高句麗)를 패퇴(敗退)시켰다'고 기록되어 있다.

백제(百濟)의 북쪽 국경이었던 패하(浿河)가 백제(百濟)의 영토 내에서 흐르는 하천으로 기록되어 있는데, 근초고왕(近肖古王) 시기에는 패하(浿河) 북쪽 땅도 백제(百濟)의 영토였음을 알 수 있다.

'AD 371년 겨울, 근초고왕(近肖古王)은 태자(太子)와 함께 정예군 3만 명을 거느리고 고구려(高句麗) 평양성(平壤城)을 공격했으며, 고구려왕(高句麗王)이 항전하다가 화살에 맞아 죽었고, 철군 후 도읍을 한산(漢山)으로 옮겼다'고 기록되어 있다.

근초고왕(近肖古王)이 현(現) 요하(遼河) 하류 유역에 위치한 동천왕평양성(東川王平壤城)을 공격했고 도읍을 한산(漢山)으로 옮겼다는 기록도 백제(百濟)가 고구려(高句麗) 한산주(漢山州) 일대를 영토로 편입했다는 의미이다.

근초고왕(近肖古王) 시기, 백제(百濟)는 한강(漢江) 이남의 위례성(慰禮城)에서 패하(浿河) 북쪽 고구려(高句麗) 한산주(漢山州)로 천도했다.

학설 101)

삼국사기(三國史記) 백제본기(百濟本紀)에는 '백제(百濟)가 한산(漢山)으로 천도했다'는 기록이 있다.

여기서 한산(漢山)은 고구려(高句麗) 한산주(漢山州)를 의미한다.

---

2. 고구려(高句麗) 남평양(南平壤) 내에 위치한 백제(百濟)의 한성(漢城)

삼국사기(三國史記) 잡지(雜志) 고구려(高句麗) 편에 의하면 통일신라(統一新羅)의 9주(九州) 중 한주(漢州)의 전신(前身)은 고구려(高句麗) 한산주(漢山州)이다.

'한산주(漢山州) 속군(屬郡) 북한산군(北漢山郡)은 평양(平壤)이라고도 한다'고 기록되어 있는데, 이는 고구려(高句麗) 멸망 후 안승(安勝)을 왕(王)으로 추대하여 잠시 재건된 고구려(高句麗)의 수도였기 때문에 평양(平壤)이라 불리었다.

원사지리지(元史地理志) 요양등처행중서성(遼陽等處行中書省) 편에 의하면

> 唐征高麗拔平壤 其國東徙 在鴨綠水之東南千餘里 非平壤之舊
> 당(唐)이 고구려(高句麗)를 원정하여 평양(平壤)을 빼앗으니 그 나라는 동쪽으로
> 옮겨갔다. 압록수(鴨綠水) 동남쪽 1,000여 리(里) 지점에 있는 평양(平壤)은 옛
> 평양(平壤)이 아니다.

고구려(高句麗)의 마지막 수도인 장안성(長安城)은 압록수(鴨綠水), 즉 현(現) 요하(遼河) 동쪽 인접한 곳에 위치했으며, 요하(遼河) 동쪽 1,000여 리(里) 지점에 위치한 평양(平壤)은 한반도 대동강 유역의 북한산군(北漢山郡)이다.

삼국사기(三國史記) 잡지(雜志) 제(第) 6 백제(百濟) 편에 의하면

> 至十三世近肖古王 取高句麗南平壤 都漢城 歷一百五年
> 13대 근초고왕(近肖古王)에 이르러 고구려(高句麗) 남평양(南平壤)을 빼앗고
> 한성(漢城)에 도읍을 정하여 105년을 지냈다.

평양(平壤)으로 불리기 전, 한반도 대동강 유역에 위치한 북한산군(北漢山郡)의 별칭은 남평양(南平壤)이었다.

근초고왕(近肖古王) 시기, 백제(百濟)는 북한산군(北漢山郡)을 백제(百濟)의 영토로 편입했으며, 북한산군(北漢山郡) 내 한성(漢城)으로 천도했다.

따라서 백제(百濟)의 한성(漢城)이 위치한 곳은 현(現) 요하(遼河) 동남쪽 천여리(千餘里) 지점인 한반도 대동강 유역의 고구려(高句麗) 남평양(南平壤)이다.

이하, 고구려(高句麗) 한산주(漢山州) 북한산군(北漢山郡), 즉 남평양(南平壤) 내에 위치한 한성(漢城)을 백제(百濟)의 두 번째 수도라 칭한다.

> 학설 102)
> 백제(百濟)의 두 번째 수도인 한성(漢城)이 위치한 곳은 현(現) 요하(遼河) 동남쪽
> 천여리(千餘里) 지점인 한반도 대동강 유역의 고구려(高句麗) 남평양(南平壤)이다.

AD 369년, 한반도 대동강 유역을 상실한 고구려(高句麗)는 2만 명의 군사로 백제(百濟)를 공격했지만 치양(雉壤)에서 패했다.

AD 371년, 고구려(高句麗)는 다시 백제(百濟)를 공격했지만 근초고왕(近肖古王)에게 패했다.

그해 겨울, 근초고왕(近肖古王)은 태자(太子)와 함께 정예군 3만 명을 거느리고 현(現) 요하(遼河) 하류 유역에 위치한 동천왕평양성(東川王平壤城)을 공격했으며, 위례성(慰禮城)에서 한반도 대동강 유역의 한성(漢城)으로 천도했다.

하지만 'AD 475년, 백제(百濟)가 웅진(熊津)으로 천도할 때까지 햇수로 105년 동안 한성(漢城)을 백제(百濟)의 도읍으로 유지했다'는 삼국사기(三國史記) 잡지(雜志) 백제(百濟) 편의 기록은 잘못된 것이다.

현(現) 대동강(大同江) 유역의 한성(漢城)이 백제(百濟)의 수도로 유지된 햇수는 26년 〈AD 371~396년〉이다.

광개토대왕릉비(廣開土大王陵碑)에 'AD 396년, 광개토대왕은 백제(百濟)의 50여 개 성(城)을 공취(攻取)한 후, 아리수(阿利水)를 건너 백제(百濟)의 국성(國城)을 공격했으며, 백제왕(百濟王)은 항복했다'고 기록되어 있다.

또한 이 전쟁으로 '고구려(高句麗)는 최종적으로 58개 성(城)에 700개 촌(村)을 얻었다'고 기록되어 있다.

광개토대왕이 한반도 대동강 유역을 모두 수복했음은 당연하다.

AD 396년, 광개토대왕에게 항복한 백제(百濟)는 한반도 대동강 유역의 한성(漢城)에서 현(現) 한강(漢江) 이남에 위치한 백제의 첫 번째 수도인 위례성(慰禮城)으로 26년 만에 다시 천도했다.

삼국사기(三國史記) 잡지(雜志) 백제(百濟) 편에 기록된 105년의 햇수에서 26년을 제외한 나머지 79년은 위례성(慰禮城)이 다시 백제(百濟)의 수도였다.

한성(漢城)에서 위례성(慰禮城)으로 천도한 후 '백제(百濟)가 위례성(慰禮城) 또한 한성(漢城)이라 칭했다'는 사실을 삼국사기(三國史記) 편찬자 김부식(金富軾)이 인지하지 못하면서 야기된 오류이다.

학설 103)

백제(百濟)가 햇수로 105년을 수도로 유지했다는 한성(漢城)에 대한
삼국사기(三國史記) 잡지(雜志) 백제(百濟) 편의 기록은 잘못된 것이다.
한성(漢城)이 백제(百濟)의 수도로 유지된 햇수는 26년<AD 371 ~ 396년>이다.

---

3. 통일신라(統一新羅) 한주(漢州)의 영토인 요동반도

고구려(高句麗)의 네 번째 수도인 동천왕평양성(東川王平壤城)이 위치한 곳은 백제(百濟)의 전성기였던 근초고왕(近肖古王) 시기에는 백제(百濟)의 공격으로부터 안전한 지역이 아니었다.

삼국사기(三國史記) 백제본기(百濟本紀)에 'AD 377년, 근초고왕(近肖古王)의 아들인 근구수왕(近仇首王)도 3만 명의 군사를 거느리고 고구려(高句麗)의 평양성(平壤城)을 침범했다'고 기록되어 있다.

동천왕평양성(東川王平壤城)이 두 번이나 백제(百濟)의 공격을 받은 것이다.

에 의하면

> 통일신라(統一新羅) 9주(九州) 중 가장 서북방에 위치한 한주(漢州)의 영토는 한반도 서북부 지역과 현(現) 요령성(遼寧省) 동남부 지역이다.

삼국사기(三國史記) 잡지(雜志)에 의하면 백제(百濟) 근초고왕(近肖古王)은 고구려(高句麗) 한산주(漢山州)의 중심지인 남평양(南平壤)을 백제(百濟)의 영토로 편입하는 등 고구려(高句麗) 한산주(漢山州), 즉 통일신라(統一新羅) 한주(漢州)의 영토를 상당 부분 장악했고 동천왕평양성(東川王平壤城)을 공격했다.

하지만 통일신라(統一新羅) 한주(漢州)에 관한 기록에 동천왕평양성(東川王平壤城)에 대한 언급이 없다.

동천왕평양성(東川王平壤城)은 통일신라(統一新羅)의 서북쪽 한계인 한주(漢州)를 벗어난 지역에 위치하고 있기 때문이다.

요사지리지(遼史地理志) 동경요양부(東京遼陽府) 해주(海州) 남해군(南海軍) 편에 '해주(海州) 남해군(南海軍) 치소 임명현(臨溟縣)은 본래 옥저국(沃沮國)이며 고구려(高句麗) 비사성(沙卑城)'이라고 기록되어 있다.

요(遼) 해주(海州) 임명현(臨溟縣)이 위치한 곳은 현(現) 요하(遼河) 하류 유역이다.

에 의하면

> 전한(前漢)은 예맥조선(濊貊朝鮮) 유민들의 항거를 감당하지 못해 고구려(高句麗)가 건국된 예맥(濊貊) 땅 중부 지역의 제1 현도군(玄菟郡)을 폐군하고, 예맥(濊貊) 땅 서부 지역에 제2 현도군(玄菟郡)을 새로 설치했다.
> 또한, 전한(前漢)은 제1 현도군(玄菟郡)을 폐군하면서 예맥(濊貊) 땅 중부 지역의 옥저(沃沮)를 임둔(臨屯) 땅에 옥저현(沃沮縣)으로 교치(僑置)했다.

후한서(後漢書) 동이전(東夷傳) 옥저(沃沮) 편에 '후한(後漢) 광무(光武)에 이르러 낙랑동부도위(樂浪東部都尉)를 파(罷)하고 옥저후(沃沮侯)로 삼았는데, 그 땅이 작고 대국(大國) 사이에 끼어 있어 마침내 구려(句麗)에 신속(臣屬)했다'고 기록되어 있다.

후한(後漢)으로부터 독립하여 옥저국(沃沮國)이 된 옥저현(沃沮縣)이 고구려(高句麗)에 편입되어 고구려(高句麗) 비사성(沙卑城)으로 승계된 것이다.

임명현(臨溟縣), 즉 고구려(高句麗) 비사성(沙卑城) 서남쪽에 위치한 요주(耀州)의 5개 속현 중 하나인 암연현(巖淵縣)에 대해 다음과 같이 기록되어 있다.

> 巖淵縣 東界新羅 故平壤城在縣西南 東北至海州一百二十里
> 암연현(巖淵縣), 동쪽으로 신라(新羅)와 경계하고 있으며, 옛 평양성(平壤城)이
> 현(縣)의 서남(西南)에 있고, 동북쪽(東北至) 120리(里) 지점에 해주(海州)가 있다.

고구려(高句麗) 비사성(沙卑城), 즉 임명현(臨溟縣) 치소로부터 서남쪽 120리(里) 지점은 암연현(巖淵縣) 치소이다.

암연현(巖淵縣) 치소 서남쪽에 평양성(平壤城)이 위치하고 있다.

평양성(平壤城)이 암연현(巖淵縣) 내에 위치하고 있으므로 이하, 암연현평양성(巖淵縣平壤城)이라 칭한다.

암연현평양성(巖淵縣平壤城)은 6년 사이에 두 번이나 백제(百濟)의 공격을 받았던 동천왕평양성(東川王平壤城)이다.

요(遼) 암연현(巖淵縣)은 동쪽으로 통일신라(統一新羅)의 9주(九州) 중 가장 서북쪽에 위치한 한주(漢州)에 접해 있다.

이러한 이유로 고구려(高句麗) 한산주(漢山州) 영토의 상당 부분을 장악했던 백제(百濟)는 현(現) 요하(遼河) 하류 유역의 동천왕평양성(東川王平壤城)을 어렵지 않게 공격할 수 있었다.

학설104)

고구려(高句麗)의 네 번째 수도인 동천왕평양성(東川王平壤城)은
통일신라(統一新羅) 한주(漢州) 서쪽 국경에 접해 있는 요(遼) 암연현(巖淵縣)에
위치한다.

학설104) 로 인해 논증 없이 주장만 하고 지나간 '통일신라(統一新羅)의 9주(九州) 중 가장 서북방에 위치한 한주(漢州)의 영토는 한반도 서북부 지역과 현(現) 요령성(遼寧省) 동남부 지역'이라는 학설100) 또한 논증되었다.

요동반도 일대가 한주(漢州)에 포함되지 않는다면 통일신라(統一新羅) 9주(州) 중 가장 서북쪽에 위치한 한주(漢州)의 서쪽에 접해 있는 요(遼) 암연현(巖淵縣)과 암연현평양성(巖淵縣平壤城)을 한반도의 서해 바다에서 찾아야 하기 때문이다.

4. 한산주한수(漢山州漢水)와 고구려(高句麗) 남평양(南平壤)의 위치

삼국사기(三國史記) 백제본기(百濟本紀)에 'AD 392년 7월, 고구려왕(高句麗王) 담덕(談德)이 4만 명의 군사로 석현성(石峴城) 등 10여 개의 성(城)을 함락시켰으며, 그해 10월, 고구려(高句麗)는 관미성(關彌城)을 공격해 함락시켰다'고 기록되어 있다.

광개토대왕의 영토 수복 전쟁이 시작된 것이다.

'AD 393년, 백제(百濟) 아신왕(阿莘王)은 병사 1만 명을 동원하여 관미성(關彌城)을 포위했으나 탈환에 실패했으며, AD 394년, 수곡성(水谷城) 아래에서 고구려(高句麗)와 전투를 벌였으나 패배했'고 기록되어 있다.

'AD 395년, 백제(百濟) 아신왕(阿莘王)이 좌장(左將) 진무(眞武)에게 명하여 고구려(高句麗)를 정벌하게 하니 고구려왕(高句麗王) 담덕(談德)이 친히 병사 7천 명을 거느리고 패수(浿水)에 진(陣)을 구축하여 싸웠으며, 백제(百濟)가 크게 패하여 사망자가 8천 명이나 되었다'고 기록되어 있다.

이 기록에서의 패수(浿水)는 한반도 청천강으로 추론되며, 관미성(關彌城)의 위치는 한반도 청천강 유역 또는 한반도 압록강 유역을 벗어나기 어렵다.

참고로 현(現) 요하(遼河) 동쪽의 패하(浿河)·패강(浿江)·패수(浿水)는 서쪽의 [고조선 패수(浿水)]·전한낙랑군패수(前漢樂浪郡浿水)·후한낙랑군패수(後漢樂浪郡浿水)와 전혀 별개의 하천이다.

'AD 395년 겨울, 백제(百濟) 아신왕(阿莘王)은 친히 병사 7천 명을 거느리고 한수(漢水)를 건너 청목령(靑木嶺) 아래에 주둔했는데, 마침 큰 눈이 내려 병졸들 가운데 얼어 죽는 자가 많이 발생하자 군대를 회군, 한산성(漢山城)에 이르러 병사들을 위로했다'고 기록되어 있다.

AD 395년이면 백제(百濟)의 수도는 여전히 한반도 대동강 유역의 고구려(高句麗) 남평양(南平壤) 내 한성(漢城)이다.

AD 395년, 백제(百濟) 아신왕(阿莘王)이 친히 병사 7천 명을 거느리고 건넌 한수(漢水)는 고구려(高句麗) 한산주(漢山州)에서 흐르는 하천으로 이하, 한산주한수(漢山州漢水)라 칭한다.

한산주한수(漢山州漢水)는 '크다'라는 의미의 '한'을 음차(音借)한 한자(漢字)임을 감안하면 남평양(南平壤) 일대에서 가장 큰 대하천일 수밖에 없다.

결국, 한산주한수(漢山州漢水)는 한반도 서북부 지역의 대하천인 현(現) 대동강(大同江)이며, 백제(百濟)의 두 번째 수도인 한성(漢城)은 현(現) 대동강(大同江) 남쪽에 위치한다.

학설 105)

한산주한수(漢山州漢水)는 현(現) 대동강(大同江)이다.
백제(百濟) 한성(漢城)은 현(現) 대동강(大同江) 남쪽에 위치한다.

---

5. 한성(漢城)으로 개칭된 위례성(慰禮城)

근초고왕(近肖古王) 시기, 백제(百濟)는 고구려(高句麗) 한산주(漢山州)의 상당 부분을 영토로 편입했다.

고구려(高句麗) 수도 동천왕평양성(東川王平壤城)을 공격하여 왕(王)을 전사시키는 전과까지 올렸으니 백제(百濟)는 자신감이 넘쳤을 것이다.

AD 371년, 백제(百濟)는 위례성(慰禮城)에서 고구려(高句麗) 한산주(漢山州)로 천도했으며, 새로운 수도의 도성은 한산주(漢山州)의 중심지인 북한산군(北漢山郡), 즉 남평양(南平壤)의 한성(漢城)이다.

백제(百濟)는 '새로운 수도의 행정명은 한산주(漢山州)를 대표할 수 있는 한성(漢城)이 적절하다'고 생각했을 것이다.

고구려(高句麗) 광개토대왕이 26년 만인 AD 396년, 한반도 대동강 유역의 남평양(南平壤)을 수복하자, 백제(百濟)는 한강(漢江) 이남의 첫 번째 수도인 위례성(慰禮城)으로 천도했다.

백제(百濟)는 위례성(慰禮城)으로 되돌아갔지만, 수도의 행정명은 한성(漢城)을 그대로 유지했으며, 이에 한강(漢江) 이남의 한성(漢城)과 남평양(南平壤)의 한성(漢城)이 공존하게 되었다.

이러한 이유로 위례성(慰禮城)이라는 행정명(行政明)이 백제(百濟)의 천도 이후 역사서의 기록에서 완전히 사라진 것이다.

학설 106)

AD 396년, 백제(百濟)가 한성(漢城)에서 위례성(慰禮城)으로 천도했다.

위례성(慰禮城)이 한성(漢城)으로 개칭되면서, 한반도에는 한강(漢江) 이남의

한성(漢城)과 대동강 유역 남평양(南平壤)의 한성(漢城)이 공존했다.

---

6. 고구려(高句麗) 3경(三京) 중 하나인 한성(漢城)

광개토대왕릉비(廣開土大王陵碑)에 'AD 399년, 고구려(高句麗)가 남평양(南平壤)을 수복하고 3년 후, 백제(百濟)가 맹세를 어기고 왜(倭)와 화통(和通)했으며, 광개토대왕이 하평양(下平壤)을 순시(巡視)했다'고 기록되어 있다.

여기서의 왜(倭)는 [일본 열도 왜(倭)]가 아니라 가야계(伽倻系)의 총칭이며, 하평양(下平壤)은 한반도 대동강 유역의 남평양(南平壤)을 지칭한다.

남평양(南平壤)과 하평양(下平壤)은 고구려(高句麗) 멸망 전의 별칭이고, 평양(平壤)은 고구려(高句麗) 멸망 후의 별칭이다.

평양(平壤) · 남평양(南平壤) · 하평양(下平壤)으로 불리운 한반도 대동강 유역 북한산군(北漢山郡)의 치소는 한성(漢城)이다.

광개토대왕의 아들 장수왕(長壽王)이 낙랑(樂浪) 땅으로 천도하면서 새로운 수도의 성(城) 또한 평양성(平壤城)이라 칭했으며, 이때부터 고구려(高句麗)는 삼경제(三京制)를 실시했다.

고구려(高句麗) 3경(三京)이 평양성(平壤城) · 국내성(國內城) · 한성(漢城)임은 역사적 상식이다.

고구려(高句麗)가 평양성(平壤城)에서 장안성(長安城)으로 천도한 이후에는 장안성(長安城) · 국내성(國內城) · 한성(漢城)이 3경(三京)이다.

현(現) 대동강(大同江) 유역의 한성(漢城)이 광활한 영토를 가진 고구려(高句麗)의 3경(三京) 중 하나가 된 이유는 인구밀도가 낮은 고구려(高句麗)에서 인구가 가장 많은 지역 중 하나가 한산주(漢山州)이기 때문이다.

> **학설 107)**
> 현(現) 대동강(大同江) 유역의 한성(漢城)은 고구려(高句麗) 3경(三京) 중 하나이다.

7. 고구려(高句麗) 제2 전성기를 이끈 현(現) 집안시(集安市)

고구려(高句麗)의 첫 번째 수도인 졸본성(卒本城)을 기준으로 동남쪽 380리(里) 전후 지점에 위치한 국내성(國內城)으로 도읍을 옮긴 것은 넓어진 영토에 걸맞는 위치로 수도를 옮긴 천도였다.

고구려(高句麗)의 두 번째 수도인 국내성(國內城)을 기준으로 서남쪽 200리(里) 지점에 위치한 환도성(丸都城)으로 도읍을 옮긴 것 또한 환도성(丸都城)을 신국(新國)이라 칭할 만큼 큰 사건을 겪은 후 수도를 옮긴 천도였다.

고구려(高句麗)의 세 번째 수도인 환도성(丸都城)을 기준으로 남쪽에 위치한 동천왕평양성(東川王平壤城)으로 도읍을 옮긴 것 또한 '환도성(丸都城)이 난(亂)을 겪어, 다시 도읍으로 삼을 수 없다' 판단하고 평양성(平壤城)을 축성, 백성·종묘·사직을 옮긴 것이기에 수도를 옮긴 천도였다.

한편, AD 342년, 고국원왕(故國原王)이 환도성(丸都城)으로 거처를 옮긴 것과 AD 343년, 황성(黃城)으로 거처를 옮긴 것은 수도를 옮긴 천도가 아니다.

왕(王)의 거처가 수도와 일치할 경우 수도는 침략군의 목표가 된다.

왕(王)이 전략상 수도에서 도망가 멸망을 피하더라도 수도의 함락으로 인한 폐해가 클 수밖에 없다.

AD 244 ~ 246년, 고구려(高句麗)는 수도이자 왕(王)의 거처인 환도성(丸都城) 함락의 폐해를 경험했다.

그 결과, 고구려(高句麗)는 동천왕평양성(東川王平壤城)으로의 천도가 불가피했다.

반면, 환도성(丸都城)으로 거처를 옮긴 고국원왕(故國原王)은 전쟁에 패하여 도망갔지만, 수도였던 동천왕평양성(東川王平壤城)은 공격의 대상에서 벗어나 피해를 보지 않았다.

이러한 사실을 감안할 때 AD 342년, 고국원왕(故國原王)이 환도성(丸都城)으로 거처를 옮긴 것은 전연(前燕)이 고구려(高句麗) 침략이 용이한 용성(龍城)으로 천도할 것이란 정보를 입수하여 그 침략에 대비하려던 전략으로 판단된다.

정면 대결을 펼쳐 고구려(高句麗)가 패배함으로써 환도성(丸都城)이 함락되고 왕(王)이 도망가면서 전쟁은 마무리되었으며, 고국원왕(故國原王)은 동천왕평양성(東川王平壤城) 동쪽 황성(黃城)으로 거처를 옮겼다.

국(國)의 수도와 왕(王)의 거주지를 일치시키지 않는 고구려(高句麗)의 전략은 장수왕(長壽王) 시기까지 이어졌다.

이러한 이유로 현(現) 집안시(集安市)에는 광개토대왕릉비(廣開土大王陵碑) 등 고구려(高句麗)의 유적이 남게 되었다.

집안시(集安市)의 황성(黃城)은 비록 고구려(高句麗)의 수도는 아니었지만 고국원왕(故國原王)·소수림왕(小獸林王)·고국양왕(故國壤王)·광개토대왕·장수왕(長壽王)의 거주지였기에 그 흔적이 남은 것이다.

협소(狹小)한 산중(山中)에 위치한 집안시(集安市)는 지리적으로 그 입지가 고구려(高句麗)를 통치하기 용이한 교통의 중심지가 아니었고, 군사적 요충지는 더더욱 아니었다.

하지만 AD 343년, 고국원왕(故國原王)의 거주지가 된 이후 장수왕(長壽王)이 장수왕평양성(長壽王平壤城)으로 천도한 AD 427년까지 84년 동안 고구려(高句麗)의 중흥을 꿈꾸었던 왕(王)들의 거주지로 고구려(高句麗) 제2 전성기를 이끈 고구려(高句麗)의 혼이 담겨있는 곳이다.

학설 108)

황성(黃城)이 위치한 현(現) 집안시(集安市)는 고구려(高句麗)의 수도는 아니었으나, 84년 동안 고구려(高句麗) 왕(王)들의 거주지였다.

第9章

장수왕평양성(長壽王平壤城) 시대

〈 AD 427 ~ 586년 〉

Part 1 낙랑(樂浪) 땅의 장수왕평양성(長壽王平壤城)

1. 낙랑(樂浪) 땅으로 천도한 장수왕(長壽王)

고구려(高句麗)는 현(現) 요하(遼河) 중류 유역 예맥(濊貊) 땅에서 건국되었으며, AD 668년, 멸망할 때까지 고구려(高句麗)의 중심지는 고구려압록수(高句麗鴨淥水), 즉 현(現) 요하(遼河) 중류 유역이었다.

광개토대왕 치세에 이르러 고구려(高句麗)는 현(現) 난하(灤河) 유역을 확고하게 고구려(高句麗)의 영토로 편입했다.

현(現) 난하(灤河) 유역에서 정치세력이 성장하면 고구려(高句麗)는 항상 침략을 당했기 때문에 현(現) 난하(灤河) 유역을 확고하게 고구려(高句麗)의 영토로 유지하는 것은 전략적 가치가 상당히 높았다.

이러한 배경을 바탕으로 장수왕(長壽王)이 뜻밖의 결정을 했는데, 낙랑(樂浪) 땅으로 천도를 감행한 것이다.

고구려(高句麗)의 영토에서 낙랑(樂浪) 땅은 서남부 변방일 뿐이며, 고구려압록수(高句麗鴨淥水)에서도 서쪽으로 멀리 떨어져 있다.

서쪽으로 천도하여 상대적으로 낙후된 고구려(高句麗) 서부 지역을 발전시켜야만 현(現) 난하(灤河) 유역을 지켜낼 수 있다는 전략적 판단이 있었을 것이다.

삼국사기(三國史記) 고구려본기(高句麗本紀)에 의하면

> 장수왕(長壽王) 15년<AD 427년>
>
> 移都平壤
>
> 도읍을 평양(平壤)으로 옮겼다.

환도성(丸都城) 이후, AD 247년부터 427년까지 181년 동안 고구려(高句麗)의 수도는 동천왕평양성(東川王平壤城)이었다.

AD 427년, 장수왕(長壽王)은 낙랑(樂浪) 땅으로 천도했다.

장수왕(長壽王)에 의해 낙랑(樂浪) 땅에 새로 축성된 성(城)은 고구려(高句麗)의 다섯 번째 수도가 되었다.

이 성(城) 또한 네 번째 수도인 동천왕평양성(東川王平壤城)과 마찬가지로 평양성(平壤城)이라 불리었다.

두 성(城)의 이름이 모두 평양성(平壤城)이어서 동천왕평양성(東川王平壤城)은 다른 이름으로 개칭되어야 했으며, 결국 잊혀졌다.

장수왕평양성(長壽王平壤城)은 AD 427년부터 586년까지 159년 동안 고구려(高句麗)의 수도로 유지되었다.

이태(李泰)가 고구려(高句麗) 멸망 전인 AD 639년에 편찬한 괄지지(括地志)와 사마천(司馬遷) 이후 최고의 역사가로 꼽히는 두우(杜佑)가 AD 801년에 편찬한 통전(通典)에는 모두 '평양성(平壤城)은 본래 한(漢) 낙랑군(樂浪郡)의 왕험성(王險城)'이라고 기록되어 있다.

고구려(高句麗)의 마지막 수도인 장안성(長安城)을 염두에 두고 기록을 남긴 것이라면 잘못된 기록이다.

평양성(平壤城)이라 불리운 고구려(高句麗)의 수도는 동천왕평양성(東川王平壤城), 장수왕평양성(長壽王平壤城) 그리고 마지막 수도인 장안성(長安城)이다.

3개의 성(城) 중, 낙랑(樂浪) 땅에 위치한 유일한 성(城)은 장수왕평양성(長壽王平壤城)이기 때문이다.

> 학설 109
>
> 평양성(平壤城)이라 불리운 고구려(高句麗)의 수도는 동천왕평양성(東川王平壤城),
> 장수왕평양성(長壽王平壤城) 그리고 마지막 수도인 장안성(長安城)이다.
> 3개의 성(城) 중, 낙랑(樂浪) 땅에 위치한 유일한 성(城)은
> 장수왕평양성(長壽王平壤城)이다.

따라서 '평양성(平壤城)은 본래 한(漢) 낙랑군(樂浪郡)의 왕험성(王險城)'이라는 기록을 남기기 위해서는 장수왕평양성(長壽王平壤城)을 지칭한다는 점을 분명하게 밝혀야 한다.

또한 그 기록에서의 평양성(平壤城)이 장수왕평양성(長壽王平壤城)을 지칭한 것이라 하더라도 '평양성(平壤城)은 본래 한(漢) 낙랑군(樂浪郡)의 왕험성(王險城)'이라는 기록 자체도 정확하지 않다.

장수왕평양성(長壽王平壤城)은 낙랑조선(樂浪朝鮮)의 수도인 왕험성(王險城)과 동일한 성(城)이 아니기 때문이다.

왕험성(王險城)은 조선현(朝鮮縣)에 위치하지만, 장수왕평양성(長壽王平壤城)은 조선현(朝鮮縣)을 벗어난 지역에 위치한다.

2. 요양성(遼陽城)으로 승계된 장수왕평양성(長壽王平壤城)

동북아고대사정립 1의 학설 45) 에 의하면

> 장수왕평양성(長壽王平壤城)의 위치는 전한낙랑군(前漢樂浪郡) 패수(浿水) 북쪽이며,
> 고조선(古朝鮮)의 수도 왕험성(王險城)이 서쪽에 인접해 있다.

한서지리지(漢書地理志) 낙랑군(樂浪郡) 편에 의하면 패수(浿水)는 패수현(浿水縣)에서 발원하여 서쪽으로 흘러 전한낙랑군(前漢樂浪郡) 조선현(朝鮮縣)에 위치한 왕험성(王險城) 북쪽을 지나 증지현(增地縣)에 이르러 입해(入海)한다.

수경주(水經注) 패수(浿水) 편에 인용된 십삼주지(十三州志)에 기록된 패수(浿水)는 전한낙랑군(前漢樂浪郡) 동북부 지역에 위치한 패수현(浿水縣)에서 발원하여 남쪽으로 흘러 전한낙랑군(前漢樂浪郡) 동부 지역에 위치한 누방현(鏤方縣)을 지난 후, 서쪽으로 흘러 조선현(朝鮮縣)에 위치한 왕험성(王險城) 북쪽을 지나 증지현(增地縣)에 이르러 입해(入海)한다.

패수(浿水)가 발원한 전한낙랑군(前漢樂浪郡) 패수현(浿水縣)부터 패수(浿水)가 서쪽으로 흘러 입해(入海)한 현(現) 난하(灤河)까지 모두 낙랑(樂浪) 땅이다.

요사지리지(遼史地理志) 동경요양부(東京遼陽府) 요양현(遼陽縣) 편에 의하면

> 遼陽縣 本渤海國金德縣地 漢浿水縣 高麗 改爲句麗縣
>
> 요양현(遼陽縣), 본래 발해국(渤海國)의 금덕현(金德縣)이다.
>
> 한(漢) 패수현(浿水縣)이었는데, 고구려(高句麗)가 구려현(句麗縣)으로 고쳤다.

요(遼) 동경요양부(東京遼陽府)의 치소인 요양성(遼陽城)이 위치한 요양현(遼陽縣)은 본래 한(漢) 낙랑군(樂浪郡) 패수현(浿水縣)이었다.

고구려(高句麗)가 패수현(浿水縣)을 구려현(句麗縣)으로 개칭했다.

요사지리지(遼史地理志) 동경요양부(東京遼陽府) 편에 '원위(元魏) 태무제(太武帝)가 평양성(平壤城)에 사신을 보냈는데, 요(遼) 동경(東京)이 바로 그곳'이라고 기록되어 있다.

원위(元魏)는 북위(北魏)의 별칭이다.

북위(北魏) 태무제(太武帝)의 재위기간〈AD 423 ~ 452년〉에 북위(北魏)의 사신이 도착한 평양성(平壤城)은 장수왕평양성(長壽王平壤城)이다.

요(遼) 동경요양부(東京遼陽府)의 치소인 요양성(遼陽城)은 고구려(高句麗) 구려현(句麗縣)에 위치한 장수왕평양성(長壽王平壤城)을 승계했다.

학설 110)

장수왕평양성(長壽王平壤城)은 고구려(高句麗) 구려현(句麗縣)에 위치했다.

장수왕평양성(長壽王平壤城)은 요(遼) 동경요양부(東京遼陽府)의 치소인 요양성(遼陽城)으로 승계되었다.

---

3. 장수왕평양성(長壽王平壤城)의 위치

요사지리지(遼史地理志) 동경요양부(東京遼陽府) 편에 의하면 AD 919년, 발해국(渤海國)을 멸망시킨 요(遼) 태조(太祖)는 요양(遼陽)의 옛 성(城)을 수리하고 남경(南京)으로 승격시켰다.

그 성(城)의 높이는 3장(丈)〈10m〉이며, 성(城) 둘레의 길이는 30리(里)이다.

그리고 '요양성(遼陽城)은 서쪽으로 망평현(望平縣) 해구(海口)까지 360리(里)'라고 기록되어 있다.

요(遼) 남경(南京)은 이후 동경요양부(東京遼陽府), 즉 동경(東京)으로 개칭된다.

고구려(高句麗)의 두 번째 수도인 국내성(國內城)의 높이도 3장(丈)〈10m〉으로 장수왕평양성(長壽王平壤城)과 같다.

한편, 국내성(國內城)의 둘레는 20리(里)이다.

장수왕평양성(長壽王平壤城)의 둘레가 30리(里)라는 요사지리지(遼史地理志)의 기록은 성(城)을 찾아낼 가능성을 높여준다.

종합해보면 요(遼)의 동경(東京)인 요양성(遼陽城)으로 승계된 장수왕평양성(長壽王平壤城)은 당(唐) 기준척(基準尺)으로 현(現) 난하(灤河)에서 동쪽으로 360리(里) 떨어진 지점에 위치한 성(城)이며, 서쪽으로 흐르는 하천의 북쪽에 축성된 성(城)이고, 성(城)의 둘레가 30리(里)이다.

학설 111)

요(遼)의 동경(東京)인 요양성(遼陽城)으로 승계된 장수왕평양성(長壽王平壤城)은
당(唐) 기준척(基準尺)으로 현(現) 난하(灤河)에서 동쪽으로 360리(里) 떨어진
지점에 위치한 성(城)이며, 서쪽으로 흐르는 하천의 북쪽에 인접해 있는 성(城)이고,
성(城)의 둘레가 30리(里)이다.

Part 2 예맥조선(濊貊朝鮮)의 후손

1. 현(現) 요하(遼河) 동쪽이 낙랑(樂浪) 땅으로 둔갑한 이유

고중국(古中國)의 정사서(正史書)는 고중국(古中國)에 불리한 사실을 간략하게 기술하거나 때로는 암시만 하는 방식으로 기록되어 있다.

이점을 제외하면 사마천(司馬遷)의 사기(史記)부터 고구려(高句麗)가 멸망한 AD 668년까지 편찬된 고중국(古中國)의 사서(史書)들은 오인으로 인한 오기(誤記)는 있지만 역사 왜곡 없이 역사적 사실들을 기록했다.

하지만 고구려(高句麗) 멸망 후 편찬된 사서(史書)에서는 흔히 역사 왜곡의 도구가 된 기록들을 발견할 수 있다.

AD 1060년에 편찬된 신당서(新唐書)에서도 찾아볼 수 있다.

신당서(新唐書) 동이열전(東夷列傳) 고려전(高麗傳)에 '고구려(高句麗)의 군주(君主)는 평양성(平壤城)에 거주하며 또한 장안성(長安城)이라 부른다'고 기록되어 있는데, 역사적 사실과 어긋나 있다.

고구려(高句麗)의 마지막 수도는 장안성(長安城)이 공식 행정명이고, 평양성(平壤城)은 별칭이다.

하지만 신당서(新唐書)에는 고구려(高句麗) 마지막 수도의 공식 행정명이 평양성(平壤城)이고, 장안성(長安城)은 별칭인 것처럼 기록되어 있다.

이는 장안성(長安城)과 장수왕평양성(長壽王平壤城)을 동일한 성(城)으로 오인하게 만든다.

김부식(金富軾) 또한 오인했다.

그 결과, 김부식(金富軾)은 '장안성(長安城)이 장수왕평양성(長壽王平壤城)인 것 같다'며 현(現) 요동만(遼東灣)에 입해(入海)하는 하천을 장수왕평양성(長壽王平壤城)에서 흐르는 패수(浿水)로 비정했다.

이로 인해 현(現) 요하(遼河) 동쪽 예맥(濊貊) 땅이 낙랑(樂浪) 땅으로 둔갑했다.

학설 112)

현(現) 요하(遼河) 동쪽, 즉 현(現) 요령성(遼寧省) 동부 지역이 낙랑(樂浪)
땅으로 둔갑한 이유는 삼국사기(三國史記) 편찬자(編纂者)인 김부식(金富軾)이
'고려서경(高麗西京)은 장수왕평양성(長壽王平壤城)인 것 같다'며, 현(現)
요동만(遼東灣)에 입해(入海)하는 하천을 패수(浿水)로 비정했기 때문이다.

불행하게도 김부식(金富軾)은 역사 왜곡의 도구로 쓰였다.

나아가 김부식(金富軾)으로 하여금 그렇게 믿도록 만든 사료의 저자 또한 역사 왜곡의 도구로 쓰인 것이다.

참고로 역사 조작은 국가 전략가들의 인위적인 조작에 의해 일어나는 일이지 사마천(司馬遷)이나 두우(杜佑)와 같은 일개(一介) 개인이 벌일 수 있는 일이 아니다.

2. 낙랑조선(樂浪朝鮮)의 후손으로 둔갑한 한국인

고구려(高句麗) 멸망 후, 고구려(高句麗)의 마지막 수도인 장안성(長安城) 일대는 통일신라(統一新羅) 북쪽 국경인 패강(浿江)의 북변(北邊)이 되었다.

이후, 통일신라(統一新羅) 내의 고구려(高句麗) 땅에서 고구려(高句麗)가 재건국(再建國)되었다.

통일신라(統一新羅) 이전의 고구려(高句麗)와 구분하기 위하여 통일신라(統一新羅) 이후의 고구려(高句麗)는 이하, 고려(高麗)라 칭한다.

고려(高麗)는 통일신라(統一新羅) 북쪽 국경인 패강(浿江)을 넘어 북진했으며, 고구려(高句麗)의 마지막 수도인 장안성(長安城) 일대를 수복하여 정통성을 확보함으로써 고구려(高句麗)의 승계국이 되었다.

고구려(高句麗)는 예맥조선(濊貊朝鮮)의 영토는 물론이고 낙랑조선(樂浪朝鮮)의 영토까지 모두 수복하여 예맥조선(濊貊朝鮮)과 낙랑조선(樂浪朝鮮)을 아우르는 고조선(古朝鮮)의 승계국이 되었다.

반면, 고려(高麗)는 예맥조선(濊貊朝鮮)을 승계한 고구려(高句麗)의 승계국임은 명백하지만 낙랑조선(樂浪朝鮮)과는 직접적인 관련이 없다.

`학설 80)` 에 의하면

> 만주 동부 지역과 한반도 북부 지역은 낙랑조선(樂浪朝鮮) 멸망 26년,
>
> 예맥조선(濊貊朝鮮) 멸망 25년 후, 전한(前漢)으로부터 독립했다.

1) 고려(高麗)의 영토는 예맥조선(濊貊朝鮮) 멸망 후 25년 만에 한(漢)으로부터 독립한 지역이다.

   [예맥(濊貊) 땅 중부 지역 일부 + 예맥(濊貊) 땅 동부 지역 + 임둔(臨屯) 땅 동부 지역 + 한반도]가 고려(高麗)의 영토였다.

2) 고려(高麗) 사람들은 예맥조선(濊貊朝鮮) 유민들의 직계 후손이다.

3) 낙랑조선(樂浪朝鮮) 사람들은 기자(箕子) 및 위만(衛滿)의 추종자들로 상당수가 고중국(古中國)에 귀화했으며, 고려(高麗) 사람들과 직접적인 연관이 없다.

4) 고려(高麗)는 고구려(高句麗)의 고토(古土) 수복 대신 백제(百濟)와 신라(新羅)를 병합했고, 삼국의 통합에 매진하여 현대까지 끈끈하게 이어지는 확고한 국가 정체성을 확립했다.

한중일학계(韓中日學界)의 통설(通說)과 달리 고려(高麗)의 영토는 현(現) 요하(遼河) 동쪽 남만주를 포함한다.

이러한 역사적 사실이 정립(正立)되어도 고구려(高句麗)의 영토가 고려(高麗)의 영토보다 몇 배 더 넓었다.

하지만 백제(百濟)와 신라(新羅)를 제대로 통합한 고려(高麗)가 고구려(高句麗)보다 작은 국가라는 인식에 필자는 동의하지 않는다.

백제(百濟)와 신라(新羅) 또한 찬란한 문화를 창출해 낸 오랜 역사의 위대했던 고대 국가이다.

따라서 백제(百濟)와 신라(新羅)를 제대로 통합한 고려(高麗)는 고구려(高句麗)보다 더 위대하다는 평가를 받아야 마땅하다.

고려(高麗)를 중심으로 삼국이 통일되었으며, 한국은 예맥조선(濊貊朝鮮)과 고구려(高句麗)의 승계국이라는 사실만으로도 역사적으로 대국(大國)이라는 것이 필자의 확고한 생각이다.

영토가 넓고 인구가 많다고 대국(大國)이 아니다.

역사를 제대로 가르치고 그 역사를 바탕으로 선도적인 문화를 창출해 내는 나라가 대국(大國)인 것이다.

삼국사기(三國史記) 편찬자 김부식(金富軾)의 오인으로 현(現) 요하(遼河) 동쪽 예맥(濊貊) 땅이 낙랑(樂浪) 땅으로 둔갑하면서 '고려(高麗)의 영토 내에 낙랑(樂浪) 땅이 위치한다'고 지금도 오인하고 있다.

이러한 오인은 한국인을 낙랑조선(樂浪朝鮮)의 후손으로 둔갑시키고 말았다.

예맥조선(濊貊朝鮮) 멸망 후, 치열한 독립 운동을 벌여 25년 만에 한(漢)으로부터 독립한 예맥조선(濊貊朝鮮) 유민들이 한국인의 직접적인 조상이기 때문에 간과하고 넘어갈 문제가 아니다.

학설 113)

낙랑(樂浪) 땅은 고려(高麗)의 영토에 포함되지 않는다.

한국인은 낙랑조선(樂浪朝鮮)이 아니라 예맥조선(濊貊朝鮮)의 후손이다.

3. 한번 더 이동하여 한반도 서북부 지역에 비정된 낙랑(樂浪) 땅

백제(百濟) 근초고왕(近肖古王)이 천도한 한성(漢城)은 현(現) 대동강(大同江) 유역에 위치하고 있다.

고구려(高句麗) 3경(京) 중 하나인 한성(漢城)도 현(現) 대동강(大同江) 유역에 위치하고 있다.

나머지 2경(京)인 평양성(平壤城)과 국내성(國內城)의 진짜 위치는 어디인지 고민을 시작하는 순간 한국인은 반도사관(半島史觀)에서 벗어날 수 있다.

삼국사기(三國史記)에 의하면, 고구려(高句麗) 고국원왕(故國原王)부터 왕(王)들의 거주지였던 황성(黃城) 서쪽에 평양(平壤)과 고려서경(高麗西京)이 위치한다.

한국인은 광개토대왕릉비(廣開土大王陵碑) 덕분에 황성(黃城)이 위치한 곳이 현(現) 집안시(集安市)라는 사실을 알 수 있지만, 조선(朝鮮)의 학자들은 이를 알지 못했다.

일부 조선(朝鮮) 학자들이 '평양성(平壤城)과 낙랑(樂浪) 땅은 현(現) 압록강(鴨綠江) 북쪽에 위치한다'고 주장했지만 역사적 사실이 아니기 때문에 납득할만한 근거를 제시하지 못했다.

대부분의 조선(朝鮮) 학자들은 현(現) 요하(遼河) 동쪽 유역을 고중국(古中國)의 전국시대(戰國時代)부터 요동(遼東) 땅이라고 생각했다.

요동(遼東) 남쪽에 평양성(平壤城)과 낙랑(樂浪) 땅이 위치한다는 기록과 만리장성이 그려진 고중국(古中國)의 역사지도에 철저하게 농락당한 것이다.

결국, 조선(朝鮮) 학자들은 김부식(金富軾) 생애의 고려서경(高麗西京)을 한반도 대동강 유역에 비정했다.

이러한 이유로 현(現) 요령성(遼寧省) 동부 지역으로 잘못 비정된 낙랑(樂浪) 땅은 한번 더 이동하여 한반도 서북부 지역에 비정되었다.

조선(朝鮮) 학자들이 '김부식(金富軾) 생애의 고려서경(高麗西京)은 현(現)
대동강(大同江) 유역에 위치했다'고 비정했다.

이러한 이유로 현(現) 요령성(遼寧省) 동부 지역으로 잘못 비정된 낙랑(樂浪) 땅은
한번 더 이동하여 한반도 서북부 지역에 비정되었다.

4. 고조선(古朝鮮)은 방수천리(方數千里) 국가

고조선(古朝鮮)의 영토 크기는 문헌학(文獻學)으로도 얼마든지 확인이 가능하지만,
사마천(司馬遷)이 친절하게도 사기(史記) 조선열전(朝鮮列傳)에 방수천리(方數千里)라
고 기록했다.

비파형동검(琵琶形銅劍) 등 고고학(考古學)으로도 확인이 가능한데, 논쟁의 여지 없
이 고조선(古朝鮮)은 방수천리(方數千里)의 국가이다.

고조선(古朝鮮) 영토고표(領土考表) 완성본(完成本)에 의하면 낙랑(樂浪)의 영토는 방
수백리(方數百里)에 불과하다.

현(現) 요하(遼河) 하류 유역에 위치한 임둔(臨屯)과 한반도 북부 지역에 위치한 진번
(眞番)도 각각 방수백리(方數百里)에 불과하다.

낙랑(樂浪)·임둔(臨屯)·진번(眞番)의 영토를 모두 합쳐도 방수천리(方數千里) 국가
의 영토와는 차이가 있다.

결국, 고조선(古朝鮮)이 방수천리(方數千里) 국가라는 사기(史記)의 기록은 예맥조선
(濊貊朝鮮)의 영토를 포함한 고조선(古朝鮮)을 지칭한 것이다.

위만(衛滿)이 정변(政變)을 일으켜 낙랑(樂浪)의 왕(王)이 되었을 때 예맥조선(濊貊朝
鮮)은 위만(衛滿)을 인정하지 않았으며, 결국 고조선(古朝鮮)은 예맥조선(濊貊朝鮮)과
낙랑조선(樂浪朝鮮)으로 분리되었다.

시점을 고중국(古中國)의 전국시대(戰國時代)로 한정한다면 당시 고조선연맹(古朝鮮聯盟)의 리더국은 낙랑조선(樂浪朝鮮)이다.

'고중국(古中國) 유민들이 단군조선(檀君朝鮮)으로 이주하여 낙랑조선(樂浪朝鮮)을 건국했다'는 기록은 역사적 사실이지만, 낙랑조선(樂浪朝鮮)의 영토는 단군조선(檀君朝鮮) 영토의 서남쪽 모퉁이에 치우쳐 있다.

리더국은 종속국들을 아우르는 지역에 위치하는 것이 일반적이기 때문에 단군조선(檀君朝鮮)의 리더국은 예맥조선(濊貊朝鮮)이었음을 쉽게 짐작할 수 있다.

예맥(濊貊)에서 낙랑(樂浪)으로 리더국이 바뀌면서 낙랑(樂浪)의 위치 때문에 부여국(夫餘國)과 삼한(三韓)이 고조선연맹(古朝鮮聯盟)에서 이탈했을 가능성이 크다.

분명한 사실은 낙랑(樂浪)은 예맥(濊貊)과 더불어 단군조선(檀君朝鮮)을 승계한 고조선(古朝鮮)의 일원(一員)일 뿐이라는 점이다.

단군조선(檀君朝鮮)은 영토가 방수백리(方數百里)에 불과한 어느 특정한 지역의 정치세력이 아니라 영토가 방수천리(方數千里)에 이르는 동북아(東北亞) 지역 최초의 고대국가였다.

단군조선(檀君朝鮮)의 영토를 모두 수복한 나라는 고구려(高句麗) 밖에 없으므로 고구려(高句麗)는 명백하게 단군조선(檀君朝鮮)의 승계국이며, 그 징검다리 역할을 한 정치세력은 예맥조선(濊貊朝鮮)이다.

단군조선(檀君朝鮮)은 낙랑조선(樂浪朝鮮) 또는 부여국(夫餘國)이 아니라 예맥조선(濊貊朝鮮)을 거쳐 고구려(高句麗)로 승계되었다.

학설 115)

단군조선(檀君朝鮮)은 낙랑조선(樂浪朝鮮) 또는 부여국(夫餘國)이 아니라
예맥조선(濊貊朝鮮)을 거쳐 고구려(高句麗)로 승계되었다.

第10章

장안성(長安城) 시대
〈 AD 586 ~ 668년 〉

Part 1 고구려(高句麗) 중심지에 위치한 장안성(長安城)

1. 고구려(高句麗)의 마지막 수도인 장안성(長安城)

2. 현(現) 요양시(遼陽市)에 위치한 장안성(長安城)

3. 당(唐)과 신라(新羅)의 연합을 막은 고구려(高句麗)의 요충지

4. 고구려(高句麗) 한성(漢城)의 항복과 고구려(高句麗)의 멸망

1. 고구려(高句麗)의 마지막 수도인 장안성(長安城)

삼국사기(三國史記) 고구려본기(高句麗本紀)에 의하면 AD 586년, 고구려(高句麗) 평원왕(平原王)은 장수왕평양성(長壽王平壤城)에서 장안성(長安城)으로 천도했다.

AD 589년, 수(隋)가 진(陳)을 멸망시키면서 고중국(古中國)을 통일했다.

고구려(高句麗) 안시성(安市城)은 장수왕평양성(長壽王平壤城)과 더불어 낙랑(樂浪) 땅에 위치한다.

독자적으로 큰 역량을 보인 안시성(安市城)을 감안하면 장수왕평양성(長壽王平壤城) 시기에 낙랑(樂浪) 땅은 어느 정도 발전한 것으로 보인다.

고구려(高句麗)가 현(現) 요하(遼河) 서쪽 장수왕평양성(長壽王平壤城)에서 현(現) 요하(遼河) 동쪽 장안성(長安城)으로 천도한 것은 자연스러운 일이다.

장수왕평양성(長壽王平壤城)은 당(唐) 기준척(基準尺)으로 현(現) 난하(灤河) 동쪽 360리(里) 지점에 위치하는데 고구려(高句麗) 영토의 서남부 변방에 치우쳐 있고, 장안성(長安城)은 고구려(高句麗) 영토의 중심지에 위치하고 있기 때문이다.

장안성(長安城)이 위치한 곳은 당(唐) 기준척(基準尺)으로 장수왕평양성(長壽王平壤城) 동남쪽 800리(里) 지점이며, 고구려(高句麗) 서쪽 국경을 기준으로 1,300리(里)가 넘는 곳이다.

수(隋)·당(唐)과 고구려(高句麗) 간 전쟁에서 청야전술(淸野戰術)이 사용되었다는 분석이 있는데, 장안성(長安城)의 위치부터 잘못된 설정이다.

고구려(高句麗)는 원래 성(城)의 나라였으며, 고구려(高句麗) 영토의 서부 지역은 인구수가 적고, 고구려(高句麗) 서쪽 국경에서 1,300리(里) 이상을 진군해야 수도인 장안성(長安城)에 도달한다.

의도적이지 않아도 청야전술(淸野戰術)은 자연스럽게 구현된다.

2. 현(現) 요양시(遼陽市)에 위치한 장안성(長安城)

장수왕평양성(長壽王平壤城)의 동남쪽에 위치한 장안성(長安城)은 만주의 남부지역에 치우쳐 있다.

만주의 북부 지역은 인구밀도가 낮았기 때문에 수도의 위치는 인구수도 감안해야 했다.

근대에 들어서기 전까지 만주의 인구수는 한반도의 인구수보다 적었다.

고구려(高句麗)의 3경(三京) 중 하나인 한성(漢城)이 위치한 한반도 서북부 지역은 한반도에서도 인구밀도가 높은 지역이었으며, 이를 감안하면 현(現) 요양시(遼陽市)가 고구려(高句麗) 영토의 중심지였음을 알 수 있다.

당(唐)과 신라(新羅)의 연합군에 의해 함락된 고구려(高句麗)의 마지막 수도인 장안성(長安城)은 고구려압록수(高句麗鴨淥水) 동쪽에 인접해 있다.

학설 63)에 의하면 고구려압록수(高句麗鴨淥水)는 현(現) 요하(遼河)이기에 장안성(長安城)은 현(現) 요하(遼河) 동쪽에 인접해 있다.

고려(高麗)는 건국되면서 통일신라(統一新羅)의 영토에 포함되어 있던 고구려(高句麗)의 영토를 모두 자국의 영토로 편입했다.

또한, 태조(太祖) 왕건(王建)〈AD 877 ~ 943년〉이 즉위하자마자 통일신라(統一新羅) 북쪽 국경인 현(現) 태자하(太子河)를 넘어 북진했으며, 장안성(長安城) 일대를 영토로 편입하고 장안성(長安城)에 고려서경(高麗西京)을 설치했다.

그러나 고려(高麗)는 장안성(長安城)을 낙랑(樂浪) 땅의 장수왕평양성(長壽王平壤城)과 동일한 성(城)으로 오인하여 그 지역을 평양(平壤)이라 칭했다.

이후, 몽골국(蒙古國)에 의해 고려서경(高麗西京)과 그 일대의 영토를 상실하기 전까지 고려(高麗)에는 두 곳의 평양(平壤)이 존재했다.

고구려(高句麗) 멸망 후 안승(安勝)을 왕(王)으로 잠시 재건된 고구려(高句麗)의 수도였던 남평양(南平壤)이 그후 평양(平壤)으로 불리었기 때문이다.

AD 14세기 말, 장안성(長安城) 일대의 평양(平壤)은 '장수왕평양성(長壽王平壤城)이 동경요양부(東京遼陽府)의 요양성(遼陽城)으로 승계되었다'는 요사지리지(遼史地理志)의 기록으로 인해 요양(遼陽)으로 개칭되었다.

따라서 현(現) 요양시(遼陽市)가 고구려(高句麗)의 마지막 수도인 장안성(長安城)이 위치한 지역이다.

> **학설 116)**
>
> 고구려(高句麗)의 여섯 번째 수도이자, 마지막 수도인 장안성(長安城)이 위치한 곳은 현(現) 요양시(遼陽市)이다.

3. 당(唐)과 신라(新羅)의 연합을 막은 고구려(高句麗)의 요충지

삼국사기(三國史記) 고구려본기(高句麗本紀)에 'AD 661년 5월, 고구려(高句麗) 보장왕(寶臧王)이 군대를 보내 신라(新羅) 북한산성(北漢山城)을 포위했으며, 열흘이 되도록 포위를 풀어주지 않았기에 식량 공급이 끊기자 성(城) 안 사람들이 두려워하였으나, 고구려(高句麗) 군대는 퇴각했다'고 기록되어 있다.

AD 661년 5월, 신라(新羅)의 서북방 한계는 여전히 패하(浿河), 즉 현(現) 예성강(禮成江)과 그 남쪽에 위치한 북한산성(北漢山城)이다.

삼국사기(三國史記) 신라본기(新羅本紀)에 의하면 AD 661년 6월, 당(唐)에 들어가 숙위(宿衛)를 하던 인문(仁間)과 유돈(儒敦)이 돌아와 신라(新羅) 문무왕(文武王)에게 '고중국(古中國) 황제가 이미 소정방(蘇定方)에게 수군과 육군으로 구성된 35도(道)의 병사를 거느리고 고구려(高句麗)를 정벌하게 했으니, 문무왕(文武王)도 병사를 일으켜 상응하라는 명(命)을 내렸다'고 보고했다.

AD 661년 11월, 당(唐) 함자도(含資道) 총관(摠管) 유덕민(劉德敏)이 와서 '평양(平壤) 으로 군량(軍粮)을 보내라'는 황제의 칙명을 전했다.

고구려(高句麗)의 마지막 수도인 장안성(長安城)을 포위한 소정방(蘇定方)에게 군량 (軍粮)을 보내라는 것이다.

삼국사기(三國史記) 잡지(雜志)에 '신라(新羅)가 9주(九州)를 설치하였는데, 고구려(高 句麗)의 영토에는 한주(漢州)·삭주(朔州)·명주(溟州)를 설치했으며, 그 중 명주(溟州) 가 가장 동쪽에 위치한다'고 기록되어 있다.

삼국사기(三國史記) 신라본기(新羅本紀)에 의하면 AD 639년, 신라(新羅)의 선덕여왕 (善德女王)은 하슬라주(何瑟羅州), 즉 명주(溟州)를 북소경(北小京)으로 삼았고, 사찬(沙 飡) 진주(眞珠)에게 명하여 그곳을 지키게 했다.

신라(新羅) 진흥왕(眞興王) 치세부터 고구려(高句麗)의 명주(溟州), 즉 함경남도(咸鏡南 道) 일대는 이미 신라(新羅)의 영토였다.

AD 568년, 함경남도(咸鏡南道)에 세워진 진흥왕순수비(眞興王巡狩碑)인 황초령비 (黃草嶺碑)와 마운령비(摩雲嶺碑)가 그 근거이다.

신라(新羅)는 함경남도(咸鏡南道) 일대를 장악하고 있었기 때문에 현(現) 대동강(大同 江) 유역의 남평양(南平壤), 즉 고구려(高句麗)의 한성(漢城)을 통과하지 않고서도 장안 성(長安城)이 위치한 현(現) 요양시(遼陽市)로 진군할 수 있었다.

하지만 함경남도(咸鏡南道)와 현(現) 요양시(遼陽市) 사이에는 험한 산악지대가 놓여 있어서 진군로는 험난했다.

김유신(金庾信)은 신라(新羅) 북한산주(北漢山州)에서 북쪽으로 진군하여 현(現) 대동 강(大同江) 유역을 무력으로 돌파하던지, 비록 험한 산악지대를 통과해야 하지만 무 력 충돌을 최소화하기 위해 함경남도(咸鏡南道)에서 북쪽으로 진군하던지 둘 중 하 나를 선택했어야 했다.

김유신(金庾信)은 후자를 선택했으며, 9명의 장군과 함께 수레 2천여 대에 쌀 4천 섬 · 조 2만 2천여 섬을 싣고, 명주(溟州), 즉 함경남도(咸鏡南道)를 출발하여 장안성 (長安城), 즉 현(現) 요양시(遼陽市)로 진군했다.

'얼음이 얼어 미끄럽고 길이 험하여 수레가 나아갈 수 없으므로 군량을 모두 소와 말의 등에 싣고 갔는데, 이현(梨峴)에서 고구려(高句麗)의 군사와 마주쳤을 때 공격해서 죽였고, 결국 장새(獐塞)에 이르렀다'며, '그 장새(獐塞)는 장안성(長安城)으로부터 3만 6천 보 떨어진 곳이었다'고 기록되어 있다.

AD 661년 8월, 소정방(蘇定方)이 장안성(長安城)을 포위했고, 그해 11월, 군량(軍粮) 을 보내라는 황제의 칙명이 전해졌으며, AD 662년 2월, 신라(新羅)는 소정방(蘇定方) 에게 군량(軍粮)을 넘겨주었다.

소정방(蘇定方)은 군량(軍粮)을 받자마자 철군했으며, 김유신(金庾信)도 군사를 돌려 회군했다.

'고구려(高句麗)의 병사가 추격하자 전투를 벌여 1만여 명을 죽였고, 병장기(兵仗器) 를 1만 개 넘게 획득했다'고 기록되어 있다.

군량(軍粮)을 전달하는 것이 1차 목표였지만, 회군하던 중 올린 전과를 보면 김유 신(金庾信)과 신라(新羅)의 장군 9명은 대군을 이끌고 진군한 것이다.

대동강(大同江) 유역의 남평양(南平壤)에 위치한 고구려(高句麗) 3경(三京) 중 하나인 한성(漢城)은 신라(新羅)가 대군을 이끌고도 우회해야 할 만큼 돌파가 쉽지 않았던 군사적 요충지였음을 알 수 있다.

학설 117)

현(現) 대동강(大同江) 유역의 남평양(南平壤)에 위치한 고구려(高句麗) 3경(三京) 중 하나인 한성(漢城)은 당(唐)과 신라(新羅)의 원활한 군사적 연합을 막는 전략적 요충지였다.

4. 고구려(高句麗) 한성(漢城)의 항복과 고구려(高句麗)의 멸망

삼국사기(三國史記) 고구려본기(高句麗本紀)에 'AD 666년, 연개소문(淵蓋蘇文)이 죽자 장남인 남생(男生)이 막리지(莫離支)가 되었는데 동생들에 의해 축출되었다'고 기록되어 있다.

삼국사기(三國史記) 신라본기(新羅本紀)에 'AD 666년, 연정토(淵淨土)가 12개의 성(城)을 신라(新羅)에 넘기며 투항했다'고 기록되어 있는데, 연정토(淵淨土)는 연개소문(淵蓋蘇文)의 동생이다.

AD 669년, 연정토(淵淨土)의 아들 안승(安勝)이 고구려(高句麗) 유민들에 의해 고구려왕(高句麗王)으로 옹립된 곳은 현(現) 대동강(大同江) 유역의 남평양(南平壤)에 위치한 고구려(高句麗) 3경(京) 중 하나인 한성(漢城)이다.

'AD 668년 6월 22일, 유인원(劉仁願)이 미힐(未肹)을 보내 고구려(高句麗)의 대곡성(大谷城)과 한성(漢城) 등 2군(郡) 12성(城)이 항복해 왔음을 보고했으며, 문무왕(文武王)은 일길찬(一吉湌) 진공(眞功)을 보내 축하했다'고 기록되어 있다.

항복한 2군(郡) 중 하나는 고구려(高句麗) 한산주(漢山州)의 중심지인 현(現) 대동강(大同江) 유역에 위치한 북한산군(北漢山郡)으로 남평양(南平壤)이다.

이후, '신라(新羅)의 장수들은 병마(兵馬)를 이끌고 당(唐)의 군영(軍營)으로 출발했으며, 영류산(嬰留山) 아래까지 진군했다'고 기록되어 있다.

당(唐)과 신라(新羅)의 원활한 군사적 연합을 막던 고구려(高句麗) 3경(三京) 중 하나인 한성(漢城)이 항복하면서 당(唐)과 신라(新羅)의 연합이 원활해진 것이다.

또한 김부식(金富軾)은 '영류산(嬰留山)이 고려서경(高麗西京) 북쪽 20리(里) 지점에 위치한다'는 소중한 기록을 남겼다.

남평양(南平壤)의 한성(漢城)이 항복한 후 당(唐)의 군영(軍營)으로 출발했는데 도착지가 고려서경(高麗西京) 북쪽 20리(里) 지점에 위치한 영류산(嬰留山)이다.

김부식(金富軾) 생애의 고려서경(高麗西京)은 남평양(南平壤)의 한성(漢城)이 아니라 고구려(高句麗) 마지막 수도 장안성(長安城)임을 다시 한번 확인할 수 있다.

삼국사기(三國史記) 신라본기(新羅本紀)에 'AD 668년 7월 16일, 문무왕(文武王)이 한성주(漢城州)에 행차하여 각 총관(摠管)들에게 대군(大軍)에 합류하라고 지시하였으며, 문영(文穎) 등이 사천(蛇川) 들판에서 고구려(高句麗) 군사와 싸워 크게 쳐부수었다'고 기록되어 있다.

이어서 '그해 9월 21일, 대군(大軍)에 합류하여 평양성(平壤城)을 포위했다'고 기록되어 있는데, 2개월이 넘는 시차도 평양성(平壤城)이 현(現) 요하(遼河) 동쪽에 위치한 장안성(長安城)임을 알려주고 있다.

고구려(高句麗) 한성(漢城)이 당(唐)에 항복했다는 것은 당(唐)의 군대가 신라(新羅)로부터 쉽게 보급을 받을 수 있음을 의미한다.

또한 현(現) 대동강(大同江) 유역이라는 강력한 장애물이 사라지면서 신라(新羅)의 군대가 쉽게 당(唐)의 군대와 연합할 수 있게 되어, 결국 고구려(高句麗)가 전쟁에서 졌음을 의미한다.

실제로 고구려(高句麗)는 한성(漢城)이 항복한 지 수개월 후, 장안성(長安城)의 성문이 열리면서 멸망했다.

이는 고구려(高句麗)가 현(現) 대동강(大同江) 유역의 한성(漢城)을 3경(三京) 중 하나로 정하고 중요시한 이유를 설명하고 있다.

참고로 고중국(古中國)과 연합하여 백제(百濟)와 고구려(高句麗)를 멸망시킨 신라(新羅)를 비난할 수는 없다.

당시 고구려(高句麗) · 신라(新羅) · 백제(百濟)는 각자의 생존을 위해 경쟁하고 있었으며, 삼국이 하나의 공동체가 되어 근대적 민족의식이 태동한 것은 고려(高麗) 시대이기 때문이다.

Part 2 조선(朝鮮)보다 넓었던 통일신라(統一新羅)의 영토

1. 신라(新羅) 북한산주(北漢山州)와 고구려(高句麗) 북한산군(北漢山郡)

2. 통일신라(統一新羅) 북쪽 국경인 현(現) 태자하(太子河)

3. 현(現) 태자하(太子河)의 고려(高麗) 시대 하천명

4. 통일신라(統一新羅)의 영토

1. 신라(新羅) 북한산주(北漢山州)와 고구려(高句麗) 북한산군(北漢山郡)

삼국사기(三國史記) 고구려본기(高句麗本紀)에 'AD 603년, 고구려(高句麗) 영양왕(嬰陽王)이 장군(將軍) 고승(高勝)을 보내 신라(新羅) 북한산성(北漢山城)을 공격했는데, 신라왕(新羅王)이 한수(漢水)를 건너오니 북한산성(北漢山城) 안에서는 북치고 소리지르며 서로 호응했으며, 고승(高勝)은 물러났다'고 기록되어 있다.

삼국사기(三國史記) 신라본기(新羅本紀)에는 'AD 603년, 고구려(高句麗)가 북한산성(北漢山城)을 공격했는데 신라(新羅)의 진평왕(眞平王)이 친히 병사 1만 명을 이끌고 고구려(高句麗) 군대를 물리쳤다'고 기록되어 있다.

신라(新羅)의 북한산성(北漢山城) 남쪽 한수(漢水)는 현(現) 한강(漢江)이다.

북한산성(北漢山城)은 백제(百濟)의 개루왕(蓋婁王)이 AD 132년에 축성했는데, 현(現) 예성강(禮成江)인 북한산성(北漢山城) 북쪽 패하(浿河)는 본래 백제(百濟)의 북쪽 국경이었다.

'AD 568년, 신라(新羅)는 북한산성(北漢山城)이 위치한 북한산주(北漢山州)를 남천주(南川州)로 개칭했으며, AD 604년, 남천주(南川州)를 다시 북한산주(北漢山州)로 개칭했다'고 기록되어 있다.

현(現) 한강(漢江)이 남천(南川)이라면, 현(現) 대동강(大同江)은 북천(北川)으로, 한반도 대동강 유역에서 남하한 한인(韓人)들이 한강 유역에서도 한수(漢水)와 한산(漢山)이라는 지명을 사용하면서 두 개의 한수(漢水)가 공존했다.

고구려(高句麗) 한성(漢城)이 당(唐)에 항복한 후 등장하는 한성주(漢城州)는 고구려(高句麗) 한산주(漢山州) 북한산군(北漢山郡)을 지칭한다.

신라(新羅)의 북한산주(北漢山州)는 현(現) 예성강(禮成江)인 패하(浿河) 남쪽에 위치하며, 패하(浿河) 북쪽에는 고구려(高句麗) 한산주(漢山州)가 위치하는데, 한산주(漢山州)의 중심지는 남평양(南平壤)인 북한산군(北漢山郡)이다.

2. 통일신라(統一新羅) 북쪽 국경인 현(現) 태자하(太子河)

삼국사기(三國史記) 고구려본기(高句麗本紀)에 'AD 661년 8월, 소정방(蘇定方)이 이끄는 당(唐)의 군대는 고구려(高句麗) 군대를 패강(浿江)에서 깨뜨려 마읍산(馬邑山)을 빼앗았고, 마침내 평양성(平壤城)을 포위했다'고 기록되어 있다.

AD 661년의 평양성(平壤城)은 고구려(高句麗)의 마지막 수도인 장안성(長安城)으로, 패강(浿江)은 장안성(長安城)에 인접해 있다.

고구려(高句麗) 멸망 후, 통일신라(統一新羅)의 북쪽 국경이 되는 패강(浿江)은 고구려(高句麗)의 마지막 수도인 장안성(長安城) 남쪽에서 흐르는 하천이다.

학설 116) 에 의하면

> 고구려(高句麗)의 여섯 번째 수도이자, 마지막 수도인 장안성(長安城)이 위치한 곳은
> 현(現) 요양시(遼陽市)이다.

현(現) 요양시(遼陽市) 장안성(長安城) 남쪽에 인접해 있는 하천인 패강(浿江)은 요양시(遼陽市) 남부 지역에서 흐르는 하천이어야 한다.

고려(高麗) 시기에는 태자하(太子河)라는 하천명이 요(遼) 동경요양부(東京遼陽府)의 영토인 현(現) 요서(遼西) 지역에서 사용되었다.

그러나 명(明)이 고려(高麗) 압록강(鴨淥江)을 요하(遼河)로 칭하면서 태자하(太子河)를 혼하(渾河)와 함께 현(現) 요동(遼東) 지역으로 옮겼다.

통일신라(統一新羅)의 북쪽 국경인 패강(浿江)은 현(現) 태자하(太子河)이다.

학설 118)

[패강태자하설(浿江太子河說)]
통일신라(統一新羅)의 북쪽 국경인 패강(浿江)은 현(現) 태자하(太子河)이다.

---

3. 현(現) 태자하(太子河)의 고려(高麗) 시대 하천명

삼국사기(三國史記) 신라본기(新羅本紀)에 'AD 735년, 고중국(古中國)의 황제가 조칙을 내려 패강(浿江) 이남의 땅을 주었다'고 기록되어 있다.

AD 736년, 신라(新羅)의 성덕왕(聖德王)은 다음과 같은 글을 남겼다.

賜浿江以南地境 臣生居海裔 沐化聖朝 雖丹素爲心 而功無可勑 以忠貞爲事
而勞不足賞 陛下降雨露之恩 發日月之詔 錫臣土境 廣臣邑居

패강(浿江) 이남 땅을 하사 받았습니다. 저는 바다의 귀퉁이에서 태어나 살면서 성조의
교화를 입었습니다. 비록 충성스런 마음은 가졌으나 공적은 미흡하고, 충정으로
일을 삼았으나 노력은 상(賞)을 받기에 부족합니다. 폐하(陛下)께서 비와 이슬 같은
은혜를 베풀고 해와 달처럼 밝은 조서를 내려 땅을 주시니 신(臣)이 거주하는 고을이
넓어졌습니다.

이후, 통일신라(統一新羅)는 한주(漢州)와 패강(浿江) 사이 땅을 개척하여 패강진(浿江鎭)이라는 특수행정기관을 설치했으며, 그곳을 통일신라(統一新羅)의 내지로 편입하여 패강(浿江)을 북쪽 국경으로 확정했다.

패강(浿江) 북쪽은 무주지(無主地)로 방치되었는데, 이 무주지(無主地)에는 고구려(高句麗)의 마지막 수도인 장안성(長安城)이 위치했다.

고려(高麗)는 건국 후 북진하여 패강(浿江) 북쪽 지역을 자국 영토로 편입했다.

또한, 현(現) 요양시(遼陽市)에 위치한 장안성(長安城)을 고려서경(高麗西京)으로 삼으면서 패강(浿江), 즉 현(現) 태자하(太子河)는 고려(高麗)의 내지에서 흐르는 하천이 되었으며, 현(現) 태자하(太子河) 북쪽으로 백성들을 이주시켰다.

그리고 하천명은 고려서경(高麗西京)에 걸맞게 패강(浿江)에서 대동강(大同江)으로 개칭되었다.

현(現) 태자하(太子河)는 서쪽으로 흐르는 하천으로 고려서경(高麗西京)인 장안성(長安城) 남쪽에 인접해 있다.

장안성(長安城)이 장수왕평양성(長壽王平壤城)이라고 믿는 학자들에게 태자하(太子河)가 흐르는 땅은 의심할 여지 없이 낙랑(樂浪) 땅이며, 태자하(太子河) 또한 의심할 여지 없는 전한낙랑군패수(前漢樂浪郡浿水)이다.

이러한 이유로 김부식(金富軾)은 고려서경(高麗西京)에서 흐르는 대동강(大同江)을 패수(浿水)로 비정하였다.

고려(高麗) 시기, 현(現) 태자하(太子河)의 하천명은 대동강(大同江)이었던 것이다.

학설 119)

고려(高麗) 시기, 현(現) 태자하(太子河)의 하천명은 대동강(大同江)이었다.

---

4. 통일신라(統一新羅)의 영토

삼국사기(三國史記)에는 여러 가지 심각한 오류가 있지만 통일신라(統一新羅)의 영토에 관해서는 역사적 사실들이 비교적 자세히 기록되어 있다.

김부식(金富軾)은 현(現) 한강(漢江) 북쪽에 신라(新羅)의 북한산성(北漢山城)이 위치하고 신라(新羅)의 서북방 한계가 북한산주(北漢山州)임을 기록했다.

또한, 북한산성(北漢山城)이 본래 백제(百濟)의 영토이며, 북한산성(北漢山城) 북쪽에 패하(浿河)가 위치한다는 사실도 기록했다.

통설(通說)에 의하면, 패하(浿河)는 현(現) 예성강(禮成江)이며, 필자도 이 통설(通說)에 동의한다.

김부식(金富軾)은 패하(浿河) 북쪽에 고구려(高句麗) 한산주(漢山州)와 한성(漢城)이 위치한다는 사실을 기록했다.

또한 한산주(漢山州)의 속군(屬郡) 중 하나가 북한산군(北漢山郡)이며, 북한산군(北漢山郡)의 별칭이 평양(平壤) 또는 남평양(南平壤)이라는 사실도 기록했다.

김부식(金富軾)은 북한산군(北漢山郡)이 통일신라(統一新羅) 한주(漢州)의 28개 속군(屬郡)들 중 하나이며, 당(唐)이 패강(浿江) 이남의 땅을 통일신라(統一新羅)의 영토로 공인하자 통일신라(統一新羅)가 한주(漢州)와 패강(浿江) 사이의 땅을 개척하여 그곳에 패강진(浿江鎭)을 설치했다는 사실도 기록했다.

그리고 고려(高麗)가 패강진(浿江鎭)의 북쪽 경계인 패강(浿江) 북쪽에 고려서경(高麗西京)을 설치했음을 분명하게 기록했다.

패강진(浿江鎭)은 한주(漢州)에 속하지 않았으며, 초기에는 14개 군현(郡縣)을 통솔했고 나중에는 26개 군현(郡縣)을 통솔했다.

결국, 패강(浿江)인 현(現) 태자하(太子河) 남쪽에 패강진(浿江鎭)이 접해 있고, 패강진(浿江鎭) 남쪽에 통일신라(統一新羅)의 한주(漢州)가 접해 있으며, 한주(漢州)는 고구려(高句麗) 한산주(漢山州)를 승계했다.

김부식(金富軾)이 삼국사기(三國史記)에 남긴 기록들을 분석하여 종합해보면 고려서경(高麗西京) ➡ 현(現) 태자하(太子河)인 패강(浿江) ➡ 패강진(浿江鎭) ➡ 고구려(高句麗) 한산주(漢山州)와 남평양(南平壤) ➡ 현(現) 예성강(禮成江)인 패하(浿河) ➡ 신라(新羅) 북한산주(北漢山州)와 북한산성(北漢山城)이 북쪽에서 남쪽 방향으로 위치하고 있음을 알 수 있다.

학설 120)

고려서경(高麗西京) ➡ 현(現) 태자하(太子河)인 패강(浿江) ➡ 패강진(浿江鎭)
➡ 고구려(高句麗) 한산주(漢山州)와 남평양(南平壤) ➡ 현(現) 예성강(禮成江)인
패하(浿河) ➡ 신라(新羅) 북한산주(北漢山州)와 북한산성(北漢山城)이 북쪽에서
남쪽 방향으로 위치한다.

동북아고대사정립(東北亞古代史正立) 2를 마치며

독자 여러분께 당부의 말씀을 드립니다.

여전히 한반도 대동강 유역이 고조선의 수도인 왕험성(王險城)과 고구려의 수도인 장수왕평양성(長壽王平壤城)이 위치한 낙랑(樂浪) 땅이라고 주장하는 역사학자들을 비난해서는 안 됩니다.

그 주장도 많은 사서들의 기록에 부합하며, 논리적이기 때문입니다.

동북아고대사정립(東北亞古代史正立)이라는 대업은 결국 강단 사학자들에 의해 완성될 수밖에 없으므로, 우리는 오히려 그들을 격려해야 합니다.

강단 사학자들이 고대사가 왜곡된 이유를 인식하기 시작하면, 동북아고대사정립(東北亞古代史正立)에 누구보다 열정적으로 참여할 것이라고 믿습니다.

정작 우리가 비난해야 할 대상은 한국의 역사 교육을 책임지고 있는 정부와 정치 지도자들입니다.

한국의 지도자들은 아이들의 국가적 자긍심에 상처를 입히는 엉터리 국사 교과서를 언제까지 방치할 것입니까?

나아가 동북아고대사정립(東北亞古代史正立)은 평화로운 남북통일을 이룰 수 있는 절대적인 전제조건임을 한국의 지도자들은 깨달아야 할 것입니다.

아무쪼록 필자의 논증과 학설이 왜곡된 역사를 바로잡는 계기가 되고, 더불어 한국의 국사 교과서가 아이들에게 국가적 자긍심을 심어줄 수 있는 교과서로 거듭나기를 간절히 바랄 뿐입니다.

동북아고대사정립(東北亞古代史正立)을 통해 남북통일에 대한 주변국의 반대가 사라지고, '대륙 고려설' 등 한국인의 정신을 어지럽히는 가짜 역사 또한 사라지기를 기원합니다.

동북아고대사정립 2

초판 1쇄 발행 2024년 12월 12일

지 은 이 김석주
발 행 처 동북아고대사정립
펴 낸 이 김석주
편집·표지디자인 (주)카리스북

주 소 경기도 파주시 심학산로 423번길 21-9, 202호(목동동)
출판등록 제2023-000072호
연 락 처 카카오톡 ID: sukju69
이 메 일 benjamin797979@naver.com
홈페이지 http://upright.kr

ISBN 979-11-983791-1-5(03910)
값 18,000원